Los geht's!

GW00787606

Coursebook Three

Authors

Hartmut Aufderstraße, Heiko Bock,
Helmut Müller, Jutta Müller

Adviser to the Project

Hans-Eberhard Piepho

UK Project Coordinator

Peter Lupson
Head of the Modern Languages Department,
Weatherhead High School, Wallasey

Stanley Thornes (Publishers) Ltd

This licensed edition of material from *Themen 2* and *3* first published in
1988 by Stanley Thornes (Publishers) Ltd, Old Station Drive,
Leckhampton, Cheltenham GL53 0DN, UK, with the approval of Max
Hueber Verlag, Munich.

British Library Cataloguing in Publication Data

Los Geht's!
   Stage 3: Coursebook
   1. German language—For schools
   I. Lupson, Peter
   438

   ISBN 0-85950-833-1

Printed and bound in Hong Kong by Wing King Tong

ACKNOWLEDGEMENTS

Photographs and Artwork
Druckerei Auer GmbH for photographs on page 60 (3 and 7) • Archiv für Kunst und Geschichte, Berlin, for photographs on pages 59 (middle and bottom left) and 71 (top and bottom left) • Hartmut Aufderstraße for photographs on pages 108 (bottom right and left) and 109 (top left) • Frau and Herr Bauer for photographs on page 13 (top right and left) • Bavaria Verlag for photographs on pages 28 (Uta Kraus: J Clarke; and Eva Kramer), 58 (Kappelmeyer), 71 (bottom right: Rose), 87 (middle left: Holtappel; top right: Hardenberg; middle right: Theißen; and bottom right: Schmachtenberger) • B Bleher for photograph on page 71 (middle right) • Werner Bönzli for photographs on pages 2 (top and bottom left, bottom right), 3, 16, 17, 18, 19, 20 (middle right), 24, 41, 59 (top right), 60 (1 right, 2, 4, 5 and 8), 80, 82, 94 (caviar), 97, 98, 108 (top) and 109 (top right) • Deutsche Presse-Agentur for photographs on pages 102 (top left and bottom right), 103 (top right), 118 and 119 • G Duckworth Ltd for sketch on page 66 • Globus Kartendienst GmbH for tables on pages 6 (Rentenversicherung in der Krise), 23 (Der lange Weg zum Eigenheim; Wohnen und Umwelt), 40 (Der Etat für die Freizeit), 61 (Umbruch in der Berufswelt) and 121 (So viel Stickoxide) • Hellwig-Medium for photograph on page 20 (bottom right) • Historia-Photo for photographs on pages 20 (bottom left and top right) and 87 (top left) • IVB Report for photograph on page 71 (top right) • Jürgen Kallinich for photograph on page 60(6) • Keystone-Pressedienst GmbH for photographs on pages 94 (roller coaster) and 116 • Krupp-Stahl AG for photograph on page 59 (bottom left) • Peter Leger for illustration on page 117 (top right) • Reinhold Löffler for illustration on page 117 (bottom: „Mann im Auto, die Frau betätigt auf dem Autodach Pedale zum Antrieb des Autos") • W Lohfert for photograph on page 60 (1 left) • Familie Manhart for photograph on page 12 (top left) • Marie Marcks for illustrations on pages 84 and 117 (top left) • Heidelies Müller for photographs on pages 12 (bottom) and 13 (bottom) • NBB GmbH for illustration on page 19 • Bildarchiv Preußischer Kulturbesitz for photographs on pages 20 (middle left) and 59 (top left) • roebild for photograph on page 6 • Schöning & Co + Gebrüder Schmidt GmbH & Co for maps on pages 42–3 • Singer Consumer Products for photograph on page 59 • Süddeutscher Verlag for photographs on pages 20 (top left), 68, 71 (middle left), 87 (bottom left), 100 (Ludwig Erhard, Kabinenroller, supermarket, rock concert), 101 (furniture, television, scooter), 102 (Op Art, Willy Brandt, Starfighters, flood disaster), 103 (John F Kennedy, Juri Gagarin, demonstration) and 105 • Ullstein Bilderdienst for photographs on pages 100 (juke-box, Elvis Presley) and 101 (BMW 600).

Text Materials
Heinrich Bauer Verlag for text on page 98 (QUICK/Wilde) • Bundespressedienst for text on page 74 • Bertelsmann Lexikon Verlag, Gütersloh, for text on page 118 (1988, „Tatsachen über Deutschland" 6. Auflage) • Christa Burchardt for text and photograph on page 12 (top right) • Burda-Syndication for texts on pages 28 and 68 (from FREUNDIN/Burda publication) • DGB-Bundesvorstand, Düsseldorf, for text on page 65 • DIFF-Tübingen for text on page 24 • Gruner und Jahr AG & Co for texts on pages 25 and 84 and photograph on page 94 (woman in fur coat) • IKEA Deutschland Verkaufs-GmbH for text and photographs on page 94 (light, dish, knife and bed) • Lexikothek for text on page 118 • Dr Brigitte Macher for text and photo on page 54 • J Pfeiffer Verlag, Munich, for texts on pages 82 (nur für Liebhaber von klopfenden Herzen) and 83 • R Piper Verlag for text on page 41 • Jugendscala for text on pages 42–3 • Peer Schmidt-Walther for text and photos on pages 44–6 • *staffette* for text („Prüfungsangst") on page 82 • Sparkassenverlag for text on page 97 (Wie bedienen Sie einen Geldautomaten?) • Heike Seewald for text and photo on page 75 • Verbraucher-Zentrale, Düsseldorf, for text on page 88 • ZEITmagazin for text and photographs (F Blickle) on pages 76–7.

Every attempt has been made to contact copyright holders, but we apologise if any have been overlooked.

CONTENTS

Lektion 1: Young and Old

Functions: Discussing the problem of young and old under the same roof – discussing pensions – asking for things – talking about what one's future intentions are.

Situations/text types/topics: Personal views and statements – pension statistics – an account of life at home – sixty-fifth wedding anniversary celebrations – advertising for a companion– accounts of how people met.

Language forms: Reflexive verbs/verbs used as reflexives – verbs used reciprocally – accusative complement and dative complement as unstressed complement – verbs with prepositional phrases as complements.

P. 1

Lektion 2: House and Home

Functions: Talking about the structure of buildings – expressing house preferences – talking about one's home and locality – comparing different living styles – complaining about the landlord.

Situations/text types/topics: House styles – town plan – accommodation adverts – surveys of house prices and home environment – game – comparison of views on living in a commune – letter – bill – cartoon.

Language forms: Prepositions indicating location – compound nouns – *etwas* and *nichts* – perfect passive – modal verbs and the passive.

P. 19

Lektion 3: Leisure Activities

Functions: Talking about other people's and one's own leisure activities – discussing the social problems of living in a small town – describing a dream holiday – making holiday plans.

Situations/text types/topics: Cartoon – leisure activities statistics – young people's views on life in the provinces – account of a cycle tour – account of young people visiting the GDR – traffic report on the radio – game – magazine article.

Language forms: Prepositional attributes – *hin* + preposition – factitive verbs – pluperfect – future – emphasis.

P. 37

Lektion 4: Work and Career

Functions: Comparing jobs – writing job adverts – talking about holiday jobs – comparing the past with the present – writing technical instructions.

Situations/text types/topics: Cartoons of different occupations – holiday job adverts – description of work in a travel agency – production of a book – a director's views on industry – a union viewpoint – instructions for using an appliance – a magazine interview.

Language forms: Imperfect passive – perfect passive – statal passive – passive with verbs followed by a dative complement – displacement.

P. 55

Lektion 5: Learning and Testing

Functions: Talking about school, past and present – discussing equality of opportunity in school – writing summaries – talking about examination preparations – discussing fear of examinations.

P. 69

Situations/text types/topics: School timetable – pictures past and present – comparison of two pupils – report on equality of opportunity – school magazine interview – report on student life in Munich – cartoons of different types of tests and examinations – tips for overcoming examination fears – report on falling rolls in schools.

Language forms: Modal verbs – nouns formed from adjectives – conditional of strong verbs – double conjunctions.

Lektion 6: Consumer Society

Functions: Discussing shopping requirements and habits – talking about shopping, past and present – discussing shopping preferences – discussing shopping in a supermarket – expressing views about advertising – expressing opinions about 'standards of living' and the 'quality of life' – discussing financial matters at the bank.

P. 85

Situations/text types/topics: Cartoon of the interior of a department store – pictures past and present – a report on supermarket selling techniques – advertisements – charts and a report on poverty and wealth – instructions for the use of a cash dispenser – magazine report about a compulsive shopper.

Language forms: Relative pronouns of generalisation – present and past participles – adverbs of place and related adjectives – perfect conditional – *haben/sein* + *zu* + infinitive – modal verbs – nouns derived from verbs – adjectives formed from nouns and verbs.

Lektion 7: Looking Back

Functions: Expressing reactions to photographs – understanding newspaper headlines - comparing the present with the 1950s and 60s – describing a visit to a concert – writing a letter about a personal experience – expressing opinions on people's behaviour – talking about photography.

P. 99

Situations/text types/topics: A report about the 1950s and 60s – description of a visit to a pop concert – printed text for comparison with a related spoken text – chart showing increased ownership of cameras – conversation about a telephone call – game.

Language forms: Adjectives without preceding articles, and after *etwas/einige*, *wenig(e)* and *viel(e)* – appositions and insertions – use of tenses in a narrative text – perfect + infinitive + *sehen, hören, lassen* – perfect and pluperfect of modal verbs in a subordinate clause.

Lektion 8: A Matter for Concern

Functions: Describing one's fears – discussing matters of social concern – expressing views about demonstrations – arguing for and against speed limits – solving traffic problems.

P. 113

Situations/text types/topics: A survey of matters of social concern in West Germany; a report about a pacifist – stickers and cartoons – a report about *Bürgerinitiativen* – summary of the 1985 protest movement in West Germany – newspaper reports about speed limits – game – town plan.

Language forms: Indefinite pronouns *man, jemand, niemand* – articles *derselbe, jener* – articles as pronouns – verbs with special functions.

Lesson-by-Lesson Grammar Summary

P. 125

Vocabulary List

P. 150

KEY TO SYMBOLS

 Material
on cassette

 Cross-reference
between grammar
sections in *Los geht's! 3*
(pp. 125–149)

 Material for
reading

 Cross-reference to
Grammar Summary in
Los geht's! 2

 Listening
comprehension

 Cross-reference to
Grammar Summary in
Los geht's! 1

P. 127, 4

Cross-reference
between text and
Grammar Summary
(pp. 125–149)

B1

Jung und alt unter einem Dach?

Lesen Sie, was unsere Leser zu diesem Thema schreiben.

Wir wohnen seit 4 Jahren mit meiner Mutter zusammen, weil mein Vater gestorben ist. Sie kann sich überhaupt nicht mehr helfen: Sie kann sich nicht mehr anziehen und ausziehen, ich muß sie waschen und ihr das Essen bringen. Deshalb mußte ich vor zwei Jahren aufhören zu arbeiten. Ich habe oft Streit mit meinem Mann, weil er sich jeden Tag über Mutter ärgert. Wir möchten sie schon lange in ein Altersheim bringen, aber wir finden keinen Platz für sie. Ich glaube, unsere Ehe ist bald kaputt.

Eva Simmet, 32 Jahre

Viele alte Leute sind enttäuscht, wenn sie alt sind und allein bleiben müssen. Muß man seinen Eltern nicht danken für alles, was sie getan haben? Manche Familien wären glücklich, wenn sie noch Großeltern hätten. Die alten Leute können im Haus und im Garten arbeiten, den Kindern bei den Schulaufgaben helfen, ihnen Märchen erzählen oder mit ihnen ins Kino oder in den Zoo gehen. Die Kinder freuen sich darüber, und die Eltern haben dann auch mal Zeit für sich selber.

Irene Kahl, 35 Jahre

Wir freuen uns, daß wir mit den Großeltern zusammenwohnen können. Unsere Kinder wären sehr traurig, wenn Oma und Opa nicht mehr da wären. Und die Großeltern fühlen sich durch die Kinder wieder jung. Natürlich gibt es auch manchmal Probleme, aber wir würden die Eltern nie ins Altersheim schicken. Sie gehören doch zu uns. Die alten Leute, die im Altersheim leben müssen, sind oft so unglücklich, weil niemand sie besucht und niemand ihnen zuhört, wenn sie Probleme haben.

Franz Meuler, 42 Jahre

Seit meine Frau tot ist, lebe ich ganz allein. Ich möchte auch gar nicht bei meiner Tochter in Stuttgart wohnen; ich würde sie und ihre Familie nur stören. Die jungen Leute brauchen ihre Freiheit. Zum Glück kann ich mir noch ganz gut helfen. Ich wasche mir meine Wäsche, gehe einkaufen und koche mir mein Essen. Einmal in der Woche gehe ich in den Altenclub, weil ich mich gern mit den Leuten dort unterhalte. Sonst bin ich viel allein, aber ich will mich nicht beschweren. Meine Tochter schreibt mir oft Briefe und besucht mich, wenn sie Zeit hat. Ich wünsche mir nur, daß ich gesund bleibe und nie ins Altersheim muß.

Wilhelm Preuß, 74 Jahre

Unser Diskussionsthema für nächste Woche: Wann darf ein Kind allein in den Urlaub fahren? Schreiben Sie uns Ihre Meinung, und schicken Sie ein Foto mit.

1. Wer meint was?

P. 127, 4

	Herr ?	Frau ?
a) Alte Leute und Kinder können nicht gut zusammen leben.		
b) Probleme mit den Großeltern sind nicht schlimm.		
c) Alte Leute sollen nicht allein bleiben.		
d) Alte Leute stören oft in der Familie.		
e) Alte Leute gehören ins Altersheim.		
f) Großeltern können viel für die Kinder tun.		
g) Es ist schwierig, mit alten Leuten zusammen zu wohnen.		
h) Großeltern gehören zur Familie.		
i) Manche Familien sind ohne Großeltern traurig.		

2. Was schreibt Herr Preuß? Erzählen Sie.

P. 125, 1a) + b)

> Seit seine Frau tot ist, lebt er ganz
> allein.
> Er möchte nicht bei seiner Tochter
> in Stuttgart wohnen, denn ...

Erzählen Sie auch, was die anderen Personen sagen.

Reflexivpronomen

Ich ärgere mich.
Er/Sie ärgert sich. Akkusativ
(sich ausziehen, waschen,
beschweren, unterhalten,
jung fühlen)

Ich helfe mir.
Er/Sie hilft sich. Dativ
(sich wünschen, Essen
kochen, Wäsche waschen)

3. Sollen Großeltern, Eltern und Kinder zusammen in einem Haus leben?

Was meinen Sie? Diskutieren Sie im Kurs.

| Ja,
Nein, | weil ...
wenn ...
obwohl ...
aber ... | das Familienleben stören   nicht allein sein   Probleme bekommen
krank sein
aktiv sein wichtig für die Kinder sein   mit den Kindern spielen   weiterarbeiten
den Kindern helfen
Platz im Haus haben
die Eltern lieben   Streit bekommen   sich jung fühlen   gesund sein |

Ein schöner Lebensabend

Im Seniorenheim »Abendfrieden« wird dieser Wunsch
wahr. In hellen, freundlichen Kleinappartements, zum
Teil mit Balkon, können unsere Pensionäre sich so einrichten, wie sie gern möchten – mit ihren eigenen
Möbeln. Allein ist man bei uns nur dann, wenn man
allein sein möchte. Eine Krankenschwester und ein Arzt
sind immer da, wenn Hilfe gebraucht wird.

Schreiben Sie für nähere Informationen an
**Seniorenheim »Abendfrieden«, Sekretariat
Friedrichstraße 7, 7000 Stuttgart 12**

B1

4. Ergänzen Sie.

allein sein

Alte Leute Probleme

5. Ergänzen Sie ‚sie‘ oder ‚ihnen‘.

a) Was kann man für alte Menschen tun,
die allein sind?
Man kann

_____ besuchen,

_____ Briefe schreiben,

_____ auf einen Spaziergang
mitnehmen,

_____ Pakete schicken,

_____ zuhören, wenn sie ihre
Sorgen erzählen,

_____ manchmal anrufen.

b) Was muß man für alte Menschen tun,
die sich nicht allein helfen können?
Man muß

_____ morgens anziehen,

_____ abends ausziehen,

_____ die Wäsche waschen,

_____ das Essen bringen,

_____ waschen,

_____ im Haus helfen,

_____ ins Bett bringen.

6. Alt sein heißt oft allein sein. Ergänzen Sie ‚sie‘, ‚ihr‘ oder ‚sich‘.

Frau Möhring fühlt _____ oft allein.
Sie hat niemand, der _____ zuhört, wenn sie Sorgen
hat, oder wenn sie _____ unterhalten will.
Sie muß _____ selbst helfen, weil niemand _____ hilft.
Niemand besucht _____, niemand schreibt _____,
niemand ruft _____ an.
Aber ab nächsten Monat bekommt sie einen Platz im Altersheim.
Sie freut _____ schon, daß sie dann endlich wieder unter
Menschen ist.

7. Lesen Sie noch einmal den Brief von Frau Simmet auf Seite 2. Schreiben Sie:

Familie Simmet wohnt seit vier Jahren mit der Mutter von Frau Simmet
zusammen, weil ihr Vater gestorben ist. Ihre Mutter kann...

8. Sagen Sie es anders.

a) Ist das Ihr Haus?   *Gehört das Haus Ihnen?*

b) Da kommt Karin. Ist das ihr Schlüssel? _____

c) Ist das euer Paket? _____

d) Du kennst doch Rolf und Ingrid. Ist das ihr Wagen? _____

e) Ist das sein Ausweis? _____

f) Herr Baumann, ist das Ihre Tasche? _____

g) Das ist mein Geld! _____

h) Sind das eure Bücher? _____

i) Sind das Ihre Pakete, Frau Simmet? _____

j) Gestern habe ich Linda und Bettina getroffen.
   Das sind ihre Fotos. _____

9. Ergänzen Sie ,auf', ,für', ,mit', ,über', ,von' oder ,zu'.

a) Die Großeltern können _____ die Kinder aufpassen, wenn die Eltern abends weggehen.

b) Man muß den Eltern _____ alles danken, was sie getan haben.

c) Viele alte Leute erzählen immer nur _____ früher.

d) Viele Eltern sind _____ ihre Kinder enttäuscht, wenn sie im Alter allein sind.

e) Mein Mann ärgert sich jeden Tag _____ Großmutter.

f) Die Großeltern warten oft _____ Besuch von ihren Kindern.

g) Ich unterhalte mich gern _____ meinem Großvater _____ Politik.

h) Ich meine, die alten Leute gehören _____ uns.

i) Die Kinder spielen gern _____ den Großeltern.

j) Großmutter regt sich immer _____ Ingrids Kleider auf.

k Letzte Woche haben 10 000 Rentner _____ höhere Renten demonstriert.

l) Ich finde es interessant, wenn meine Großeltern _____ ihre Jugendzeit erzählen.

10. 'Wofür', ,wogegen', ,woher', ,wohin', ,wonach', ,woran', ,worauf', ,worüber', ,zwischen was'? Fragen Sie.

a) Ich denke gerade <u>an meinen Urlaub.</u>   *Woran denkst du gerade?*
   Ebenso:

b) Im Urlaub fahre ich <u>nach Schweden.</u> _____

c) Wir haben <u>gegen die Arbeitslosigkeit</u> demonstriert. _____

d) Ich freue mich schon <u>auf den Besuch der Großeltern.</u> _____

e) Der Mann hat <u>nach der Adresse des Altersheims</u> gefragt. _____

f) Ich möchte mich <u>über das laute Hotelzimmer</u> beschweren. _____

g) Ich denke oft <u>über mein Leben</u> nach. _____

h) Wir können <u>zwischen Kaffee und Tee</u> wählen. _____

i) Ich komme <u>aus Jugoslawien.</u> _____

j) Ich habe mein ganzes Geld <u>für Bücher</u> ausgegeben. _____

k) Karin hat uns lange <u>von ihrer Reise</u> erzählt. _____

l) Viele Rentner sind <u>über die Politik</u> der Bundesregierung enttäuscht. _____

1. Seniorentreffen

A. Hören Sie die Gespräche von der Cassette.

B. Notieren Sie die Angaben zu jeder der 4 Personen.

a) Wie alt sind die drei Rentner und die Rentnerin?

b) Welchen Beruf hatten die Personen früher?

c) In welchem Alter haben sie aufgehört zu arbeiten?

d) Wieviel Rente bekommen sie im Monat?

e) Wohnen sie im Altersheim, bei ihren Kindern oder in einer eigenen Wohnung?

f) Sind sie verheiratet, ledig oder verwitwet?

Rentenversicherung in der Krise

Die Rentenversicherung wird in den nächsten 50 Jahren große Probleme haben. Weil die Deutschen immer früher Rente bekommen (1983 durchschnittlich mit 59 Jahren) und es immer mehr alte Menschen über 60 gibt, muß die Rentenversicherung unbedingt sparen. Es gibt zwei Lösungen: Entweder die Arbeitnehmer und die Arbeitgeber zahlen mehr für die Rentenversicherung (1983 je 9,25 Prozent des Monatsgehalts) oder die Rentner bekommen weniger Rente (1983 durchschnittlich 45 Prozent des Monatsgehalts).

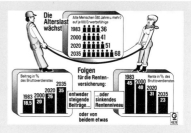

2. Rechnen Sie.

Wie hoch ist eine Rente durchschnittlich, wenn man 3000,– DM verdient? Wieviel Rentenversicherung muß ein Arbeitnehmer ungefähr bezahlen, wenn er 3000,– DM verdient?

3. Diskutieren Sie.

Wie kann man die Probleme der Rentenversicherung vielleicht lösen? Sie können folgende Wörter und Sätze verwenden.

Man kann ...   Ich würde ...
Ich schlage vor/meine, daß ...

Sicher, das geht, aber ...

Ich finde es | besser, wenn ...
Es wäre

Das ist keine gute Lösung, | weil ...
Das ist Unsinn,

selbst Geld für das Alter sparen

mehr Kinder bekommen

die Familie soll den alten Leuten Geld geben

höhere Beiträge verlangen

arbeiten bis 70 Jahre

weniger Rente bekommen

weniger Geld für die | Armee | ausgeben
| Kultur
| ...

Endlich ist mein Mann zu Hause

Herr Bauer, 64, war Möbelschreiner. Vor einem Jahr ist er in Rente gegangen. Was tut ein Mann, wenn er endlich nicht mehr arbeiten muß? Er wird Chef im Haus, wo vorher die Frau regierte. Wie das aussieht, erzählt (nicht ganz ernst) Frau Bauer.

So lebte ich, bevor mein Mann Rentner wurde: Neben dem Haushalt hatte ich viel Zeit zum Lesen, Klavier spielen und für alle anderen Dinge, die Spaß machen. Mit meinem alten Auto (extra für mich) fühlte ich mich frei. Ich konnte damit schnell ins Schwimmbad, in die Stadt zum Einkaufen oder zu einer Freundin fahren.

Heute ist das alles anders: Wir haben natürlich nur noch ein Auto. Denn mein Mann meint, wir müssen jetzt sparen, weil wir weniger Geld haben. Deshalb bleibt das Auto auch meistens in der Garage. Meine Einkäufe mache ich jetzt mit dem Fahrrad oder zu Fuß. Ziemlich anstrengend, finde ich. Aber gesund, meint mein Mann. In der Küche muß ich mich beeilen, weil das Mittagessen um 12 Uhr fertig sein muß. Ich habe nur noch selten Zeit, morgens die Zeitung zu lesen. Das macht jetzt mein Mann. Während er schläft, backe ich nach dem Mittagessen noch einen Kuchen (mein Mann findet den Kuchen aus der Bäckerei zu teuer) und räume die Küche auf.

Weil ihm als Rentner seine Arbeit fehlt, sucht er jetzt immer welche. Er schneidet die Anzeigen der Supermärkte aus der Zeitung aus und schreibt auf einen Zettel, wo ich was am billigsten kaufen kann. Und als alter Handwerker repariert er natürlich ständig etwas: Letzte Woche einen alten Elektroofen und fünf Steckdosen. Oder er arbeitet im Hof und baut Holzregale für das Gästezimmer unter dem Dach. Ich finde das eigentlich ganz gut. Aber leider braucht er wie in seinem alten Beruf einen Assistenten, der tun muß, was er sagt. Dieser Assistent bin jetzt ich. Den ganzen Tag höre ich: »Wo ist...?«, »Wo hast du...?«, »Komm doch mal!«, »Wo bist du denn?« Immer muß ich etwas für ihn tun. Eine Arbeit muß der Rentner haben!

So sieht Frau Bauer die neue Situation.

Was glauben Sie, was würde wohl Herr Bauer schreiben? Worüber ärgert er sich? Worüber regt er sich auf?

1. „Immer will er etwas!"

P. 126, 3

Erika, ich brauche das Werkzeug.
Bringst du mir das mal?

Ich backe gerade einen Kuchen. Kannst du es Dir nicht selbst holen?

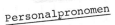

Personalpronomen

Bringst du es mir?
Bringst du   mir das?

Definitpronomen

Antja! Kannst du mir das bringen?

Moment! Ich bringe es Dir gleich.

Pflaster	Farbe	Papier	Seife	Zigaretten	Holz	Brille	bringen
Öl	Kugelschreiber	Lampe	Bleistift	Bürste	Messer		suchen holen geben

2. Sicher kennen Sie auch alte Leute in Ihrem Land.

Wie leben sie? Was machen sie?

morgens	im Garten arbeiten	viel schlafen	sich mit	Freunden	treffen
mittags				Bekannten	
nachmittags	auf die Kinder aufpassen	Verwandte besuchen			viel reisen
abends	telefonieren			Karten spielen
jeden Tag	allein sein	den Kindern helfen		
immer	Musik hören		immer zu Hause bleiben
gewöhnlich	Briefe schreiben		
manchmal	Spaziergänge machen	sich unterhalten	lesen
meistens	in einem ...-Verein sein	noch arbeiten	viel Besuch haben
oft			

3. Was hat Herr Schibilsky, Rentner, 66, gestern alles gemacht? Schreiben Sie.

a) <u>Um 8 Uhr hat er die Kin-</u>
<u>der in die Schule gebracht.</u>

e) _____

i) _____

b) _____

f) _____

j) _____

c) _____

g) _____

k) _____

d) _____

h) _____

l) _____

4. Was kann man auch sagen?

a) *Fühlt er sich jetzt wohl?*
- Ⓐ Wie fühlt er sich wohl jetzt?
- Ⓑ Ist er jetzt zufrieden?
- Ⓒ Ist er jetzt verrückt?

b) *Ich repariere gerade das Radio.*
- Ⓐ Das Radio ist jetzt fertig.
- Ⓑ Ich habe das Radio repariert.
- Ⓒ Im Moment repariere ich das Radio.

c) *Hast du ein bißchen Zeit?*
- Ⓐ Hast du viel Zeit?
- Ⓑ Hast du ein paar Minuten Zeit?
- Ⓒ Hast du wenig Zeit?

d) *Ich finde die Idee nicht schlecht.*
- Ⓐ Ich finde schlecht eine Idee.
- Ⓑ Ich finde, die Idee ist gut.
- Ⓒ Ich habe eine gute Idee.

e) *Frau Petzold steht morgens gewöhnlich um 6.00 Uhr auf.*
- Ⓐ Frau Petzold steht morgens immer um 6.00 Uhr auf.
- Ⓑ Frau Petzold steht morgens manchmal um 6.00 Uhr auf.
- Ⓒ Frau Petzold steht morgens meistens um 6.00 Uhr auf.

f) *Er paßt auf den Hund auf.*
- Ⓐ Er bleibt bei dem Hund, damit der Hund keinen Unsinn macht.
- Ⓑ Er wartet auf den Hund.
- Ⓒ Er wartet, daß der Hund Unsinn macht.

g) *Sie macht diese Arbeit selbst.*
- Ⓐ Sie möchte nicht, daß ein anderer diese Arbeit macht.
- Ⓑ Sie läßt diese Arbeit machen.
- Ⓒ Sie macht sogar diese Arbeit.

h) *Du mußt dich beeilen.*
- Ⓐ Du mußt ein Ei kochen.
- Ⓑ Du bist fertig.
- Ⓒ Du hast nicht mehr viel Zeit.

i) *Er geht abends immer im Stadtpark spazieren.*
- Ⓐ Er geht abends jeden Tag im Stadtpark spazieren.
- Ⓑ Oft geht er abends im Stadtpark spazieren.
- Ⓒ Abends geht er gewöhnlich im Stadtpark spazieren.

5. Wie heißen die fehlenden Wörter?

Pflaster Handwerker Farbe Regal Seife Bleistift Werkzeug Bürste Zettel Steckdose

Heute will Herr Baumann endlich das _____ für die Küche bauen. Das ist nicht schwer für ihn, weil er _____ ist. Zuerst macht er einen Plan. Dazu braucht er einen _____ und einen _____. Dann holt er das Holz und das _____. Um die Teile zu schneiden, braucht er Strom. Wo ist denn bloß eine _____? Au! Jetzt hat er sich in den Finger geschnitten und braucht ein _____. Er ist fast fertig, nur die _____ fehlt noch. Es soll nämlich grün werden. Zum Schluß ist Herr Baumann ganz schmutzig. Er geht zum Waschbecken, nimmt die _____ und eine _____ und macht die Hände sauber.

Leute von heute

HEINRICH WINTER, Rentner, sucht jetzt, nach vierzig Jahren Büroarbeit als Versicherungskaufmann, Freiheit und Abenteuer. Er hat sein Haus in Michelstadt und seine Möbel verkauft und fährt jetzt mit einem gebrauchten Wohnwagen und einem Kanu durch Afrika. Er will dabei »kein einziges Mal an Europa oder an Deutschland denken«.

KIRSTEN SÖRENSEN, frisch verheiratete Laborantin, und ihr Mann Jens Nielsen, starteten fliegend in die Ehe:

△ Der ist doch ein bißchen verrückt, findest du nicht? So könnte ich nicht leben, wenn ich alt wäre.

○ Na ja, ich finde die Idee gar nicht so schlecht. Was würdest du denn machen, wenn du Rentner wärst?

△ Ich glaube, ich würde jeden Tag lange schlafen und viele Bücher lesen.

○ Dazu hätte ich auch Lust. – Oder ich würde mir ein Haus am Meer kaufen und viel spazieren gehen.

Das ist doch Unsinn.
Wie kann man nur so etwas machen?
Ich würde das nie machen!
So eine verrückte Idee!

Mir gefällt das.
Warum soll er das nicht machen?
Wie möchtest du denn später leben?
Was würdest du denn als Rentner machen?

Ich würde	alte Autos reparieren.
	im Garten arbeiten.
	ein Buch schreiben.
	immer im Café sitzen.
	. . .

Das würde ich auch gerne.
Das würde mir auch gefallen.
Vielleicht würde ich auch

eine neue Sprache lernen.
jeden Tag schwimmen gehen.
einen großen Hund kaufen.
. . .

In einem Hamburger »Tanzsalon« haben sie sich 1910 kennengelernt und noch vor dem Ersten Weltkrieg geheiratet: Marianna und Adolf Jancik. Als Schlosser hatte er damals einen Wochenlohn von 38 Mark. »Wenn du deine Arbeit hast, dein Essen und Trinken: Was soll da schwierig sein«, sagt der 93jährige im Rückblick auf seine lange Ehe. Seine 90jährige Frau ist stolz auf ihren Eherekord: »70 Jahre lang jeden Tag Essen kochen – das soll mir erst einer nachmachen!« Das Erinnerungsfoto stammt von der goldenen Hochzeit der beiden im Jahr 1964.

»DIE EIS

Viele Paare feiern nach 25 Ehejahren die »Silberne Hochzeit«, nur noch wenige nach 50 Ehejahren die »Goldene Hochzeit«. Und ganz wenige Glückliche können nach 65 gemeinsam erlebten Jahren die »Eiserne Hochzeit« feiern. Unser Reporter hat drei »eiserne« Paare besucht und mit ihnen gesprochen.

»Liebe Ilona! Glaube mir, ich liebe immer nur Dich. Dein Xaver«. Das hat Xaver Dengler seiner späteren Frau 1912 auf einer Postkarte geschrieben. Die »Liebe für immer« haben schon viele Männer versprochen, aber Xaver Dengler ist nach 70 Jahren wirklich noch mit seiner Ilona zusammen. Sie sitzen in ihrer Drei-Zimmer-Wohnung und lesen ihre alten Liebesbriefe. »Ich hätte keinen anderen Mann geheiratet«, sagt Ilona. »Und ich keine andere Frau«, sagt Xaver. Als sie sich kennenlernten, war sie 14 Jahre alt und er 18. »Das war so«, erzählt Frau Dengler, »meine Schwester und ich konnten schön singen. Wir haben im Garten vor unserem Haus gesessen. Und da ist der Xaver mit einem Freund vorbeigekommen. Sie haben zugehört, wie wir gesungen haben, und dann haben sie gefragt, ob sie sich zu uns setzen dürfen. So hat alles angefangen.« »Ja, das ist wahr«, sagt er und lacht,

»Bei uns kann man wirklich sagen, es war Liebe auf den ersten Blick«, meint Heinrich Rose. Als er und seine spätere Frau Margarethe sich im Jahr 1921 verlobten, war er noch Student. Zwei Jahre später, bei der Hochzeit, arbeitete er schon als Jurist bei einer Bank.

So gut er kann, hilft der 88jährige seiner 87jährigen Frau im Haushalt. Seine Liebeserklärung heute: »Ich würd' dich noch mal heiraten, bestimmt...« Die längste Zeit der Trennung in über 60 Ehejahren? »Sieben Tage warst du einmal allein verreist«, sagt sie, »eine schreckliche Woche!«

ERNEN«

»aber mich habt ihr nie mitsingen lassen.«
Als sie 1916 heirateten, war das erste Kind schon da. »Die Leute im Dorf haben natürlich geredet, aber meine Familie hat es Gott sei Dank akzeptiert. Es war damals Krieg. Wir mußten warten, bis Xaver Heiratsurlaub bekam«, erzählt Frau Dengler. »Ganz so ungewöhnlich war das damals wohl nicht«, meint Herr Dengler. »Die Leute haben es schon verstanden. Nur, geredet haben sie trotzdem.«
70 gemeinsame Jahre – waren Ilona und Xaver das ideale Ehepaar? Eine Traumehe war es wohl nicht. »Er ist jeden Sonntag zum Wandern in die Berge gegangen, und ich war allein zu Hause mit den Kindern. Beim Wandern waren auch Mädchen dabei, das habe ich gewußt. Da habe ich mich manchmal geärgert. Ob er eine Freundin hatte, weiß ich nicht. Ich habe ihn nie gefragt.« Xaver: »Ich hätte es dir auch nicht gesagt. Aber wir beide haben uns doch immer gern gehabt.« Streit haben sie nie gehabt, sagen Xaver und Ilona. Nur einmal, aber das war schnell vorbei. »Ja, du warst immer ein guter Mann, Xaver«, sagt Ilona.
Was kann man sich noch erzählen, wenn man schon 65 Jahre lang verheiratet ist? Für die Denglers ist das offenbar kein Problem. Ihre Tochter, die bei ihnen wohnt, hört die alten Leute im Bett oft noch stundenlang reden.

1. Was sagen die alten Leute?

a) über ihre Ehepartner?   b) über ihre Ehe?   c) über ihr gemeinsames Leben?

2. Was steht im Text über Xaver und Ilona? Erzählen Sie im Kurs. Hier sind Stichworte.

> – schon 70 Jahre – immer noch – Alter, als sie sich kennenlernten – wie kennengelernt? – Kind schon vor der Ehe – Traumehe? – Wochenende allein – Freundin – Streit – sich viel erzählen – . . .

Xaver und Ilona haben sich vor 70 Jahren kennengelernt. Jetzt sind sie . . .

3. Kürzen Sie den Text über Xaver und Ilona.

Kürzen Sie den Text so, daß er nicht länger ist als die Texte zu den beiden anderen Paaren.

4. Nach wie vielen Ehejahren feiert man in Ihrem Land ein Familienfest?

Auch nach 25, 50 und 65 Jahren? Wie heißen diese Feste?

P. 125, 2

5. Auch eine Liebesgeschichte

> Ich bin 65 Jahre alt und fühle mich seit dem Tod meiner Frau sehr einsam. Welche liebe Dame (Nichtraucherin) möchte sich einmal mit mir treffen? Ich bin ein guter Tänzer, wandere gern und habe ein schönes Haus im Grünen.
> **Tel. 77 53 75**

Erzählen Sie die Liebesgeschichte.
Verwenden Sie folgende Wörter.

Am Anfang	Deshalb
Dann	Schließlich
Später	Am Schluß

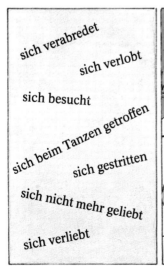

sich verabredet
sich verlobt
sich besucht
sich beim Tanzen getroffen
sich gestritten
sich nicht mehr geliebt
sich verliebt

6. Ergänzen Sie ,sich setzen', ,sitzen', ,stehen' oder ,liegen'.

a) Mein Zimmer ist sehr niedrig. Man kann kaum _____.
b) Bitte _____ sie sich doch!
c) Anja _____ schon im Bett.
d) Ich _____ nicht so gern im Sessel, sondern lieber auf einem Stuhl.
e) Gelsenkirchen _____ bei Essen.
f) Wo _____ der Schnaps denn?
g) Es gab keine Sitzplätze mehr im Theater. Deshalb mußten wir _____.
h) Im Deutschkurs hat Angela sich zu mir _____.
i) Im Restaurant habe ich neben Carlo _____.
j) Deine Brille _____ im Regal.

7. Sagen Sie es anders.

a) Sie hat ihn in der U-Bahn kennengelernt, er hat sie in der U-Bahn kennengelernt.
Sie haben sich in der U-Bahn kennengelernt.
Ebenso:
b) Ich liebe dich, du liebst mich.
c) Er besucht sie, sie besucht ihn.
d) Ich helfe Ihnen, Sie helfen mir.
e) Ich höre Sie, Sie hören mich.
f) Ich sehe Sie morgen, Sie sehen mich morgen.
g) Er kann sie gut leiden, sie kann ihn gut leiden.
h) Er hat ihr Briefe geschrieben, sie hat ihm Briefe geschrieben.
i) Du brauchst ihn, er braucht dich.
j) Er wünscht sich ein Auto, sie wünscht sich ein Auto.

8. Sagen Sie es anders. Benutzen Sie die Wörter: ,als', ,bevor', ,bis', ,nachdem', ,während', ,weil', ,wenn'.

a) Bei Regen gehe ich nie aus dem Haus.
Wenn es regnet, gehe ich nie aus dem Haus.
Ebenso:
b) Vor seiner Heirat hat er viele Mädchen gekannt.

_____

c) Nach dem Essen trinke ich gern einen Schnaps.

_____

d) Wegen meiner Liebe zu dir schreibe ich dir jede Woche einen Brief.
e) Auf meiner Fahrt nach Spanien habe ich ein tolles Mädchen kennengelernt.
f) Es dauert noch ein bißchen bis zum Anfang des Films.
g) Bei Schnee ist die Welt ganz weiß.
h) Bei seinem Tod haben alle geweint.
i) Während des Streiks der Kollegen habe ich gearbeitet.

Wie haben Sie sich kennengelernt?

Mit dem Kennenlernen ist es so eine Sache… Manchmal will man unbedingt – und es geht gar nichts. Ein anderes Mal passiert es, und man merkt es kaum. Wir ließen uns von Frauen und Männern erzählen, wie die Liebe bei ihnen anfing: Und was daraus geworden ist.

Ich weiß, es ist komisch: Ich diskutierte gerade mit Kollegen über die Frauenemanzipation, da lernte ich meinen Mann kennen. Das war bei einer Feier in unserem Forschungsinstitut. Bei der Arbeit finden sich ja sehr viele Paare.

Was wir da genau diskutiert haben, weiß ich heute nicht mehr.

Am Arbeitsplatz
Dr. Angela Scharf, 36, Ärztin

" Er war für die Emanzipation. Das fand ich toll. Einen solchen Mann hatte ich bisher noch nicht kennengelernt "

Aber ich kann mich genau erinnern, daß ich es ganz toll fand, als da plötzlich ein völlig unbekannter Mann am Tisch saß, der berufstätige Frauen nicht als unnatürlich und karrieresüchtig heruntermachte. Ich lernte ihn zwar an dem Abend nicht näher kennen, aber ich hatte ein sehr gutes Gefühl, als ich nach Hause ging.

Zwei Tage später schickte er mir einen Brief, per Hauspost im Institut. Richard arbeitete als Physiker in einer anderen Abteilung. Das war vor sechs Jahren, und seitdem haben wir uns keinen Tag getrennt. Heute muß ich sagen, ich habe einen wirklich tollen Mann gefunden, der in allem ein echter Partner ist. Was er mir erst viel später sagte: Ich war ihm damals schon vorher aufgefallen, und er war nur deshalb zu der Betriebsfeier gegangen, weil er mich kennenlernen wollte.

Ulrike war zwanzig und ich gerade einundzwanzig. In der Universität habe ich sie kennengelernt. Das heißt, zuerst fand ich sie ziemlich arrogant. Und dann habe ich gemerkt, daß sie mir genau gegenüber wohnt. Da bin ich einfach zu ihr gegangen. „Grüß Gott", habe ich gesagt, „mein Bus ist weg. Kannst du mich im Auto zum Seminar mitnehmen?"

Auf der Rückfahrt passierte es dann: Ulrike fuhr in ein anderes Auto hinein. Große Aufregung, die Polizei wurde gerufen. Ulrike hatte Angst, weil sie ihre Papiere nicht dabei hatte. Da habe ich ein Taxi genommen und bin zu ihren Eltern gefahren. „Ich brauche den Führerschein von Ihrer Tochter, aber schnell. Sie hat einen Unfall", habe ich der Mutter gesagt. Als ich zurück-

Autounfall
Joachim Kreutzer, 32, Designer

" Heute würde ich bestimmt nicht mehr so einfach ein Mädchen ansprechen. Aber bei Ulrike hatte ich den Mut – zum Glück "

kam, saß Ulrike immer noch bei der Polizei. Als wir dort fertig waren, habe ich zwei Tage nichts von ihr gehört.

Na ja, dann habe ich mein Werkzeug genommen und bin zu ihr gegangen. „Ich repariere dein Auto", habe ich gesagt. Um ehrlich zu sein – ich konnte das überhaupt nicht; das Auto sah danach nicht viel besser aus, aber es klappte mit Ulrike! Später hat sie mir erzählt, daß der Unfall nur deshalb passiert ist, weil sie so aufgeregt war. Sie wollte mich nämlich so gern kennenlernen. Aber von selbst hätte sie nie etwas gesagt…

Es war in einem Café. Ich saß vor meinem Glas Tee und hörte ganz genau, daß eine Gruppe von jungen Männern am Nachbartisch über mich redete. Neben mir stand eine Stehlampe, die ich gerade in der Fußgängerzone gekauft hatte. Als ich bezahlt hatte, nahm ich meine Lampe und wollte gehen. Da kam einer aus der Gruppe am Nachbartisch zu mir, nahm mir die Lampe weg und sagte laut: „He, was machen Sie denn da mit meiner Lampe?"

Alle Leute sahen uns an. Ich lachte etwas dumm und sagte: „Aber Moment mal, das ist doch meine Lampe…"

Mit einer dramatischen Bewegung drehte er sich zu seinen Freunden: „Leute, habt ihr das gehört? Habe ich diese Stehlampe nicht vor einer halben

Meine Stehlampe
Regina Behr, 27, Journalistin

" Ich dachte, dem zeige ich es jetzt, das kann der mit mir nicht machen! Und so fing die Geschichte an "

Stunde dort im Kaufhaus gekauft? Ihr wart doch dabei!"

Seine Freunde nickten und riefen: „Na klar doch, wir waren dabei."

Natürlich wußte ich, daß die Jungs sich über mich lustig machen wollten. Mir gefiel dieser Typ sogar. Trotzdem fühlte

ich mich gar nicht wohl, denn alle Leute schauten zu uns. Ich wollte raus. Sofort. Und plötzlich hörte ich mich kühl sagen: „Wenn das Ihre Lampe ist, dann habe ich mich wohl geirrt. Entschuldigung." Ich ging hinaus, blieb aber natürlich vor dem nächsten Haus stehen und wartete, was passierte.

Da stand der Typ schon in der Tür, schaute aufgeregt nach rechts, nach links, sah mich, lief zu mir, fiel mir um den Hals und sagte gleich du zu mir: „Mensch, du bist die erste Frau, die so reagiert. Natürlich ist das deine Lampe, ich bringe sie dir sogar nach Hause. Wie heißt du? Ich heiße Peter."

Das war vor drei Jahren. Die Lampe habe ich immer noch, aber Peter ist nur ein halbes Jahr bei mir geblieben.
Schade.

Es war kurz vor Weihnachten. So ein Tag, an dem es keinen Moment richtig hell wird, grau in grau. Trotzdem glückte mir alles: Morgens machte ich die Führerscheinprüfung, und nachmittags fand ich in einem Antiquitätengeschäft genau die silberne Zuckerdose, die ich schon lange gesucht hatte.

An der Straßenbahnhaltestelle (ich hatte damals noch kein Auto) sah ich noch einmal glücklich in die Tüte mit der Dose, als ein Mensch mit blonden Haaren, der neben mir stand, mich fragte: „Na, was haben Sie denn da Schönes?" Ich zeigte es ihm gern. Da fragte der Blonde mich, ob wir nicht eine Tasse Kaffee zusammen trinken wollten. Ich antwortete: „Tut mir leid, ich muß mich jetzt beeilen." Aber er wollte es unbedingt: „Dann vielleicht morgen um die gleiche Zeit, hier vor dem Cafe an der Haltestelle?" – „Ja, sehr gern", hörte ich mich sagen.

Am nächsten Tag wußte ich gar nicht mehr genau, wie der Mann eigentlich aussah. Blonde lange Haare, gut, aber die haben viele.

Er trug einen Parka und Jeans, aber die trägt heute fast jeder. Schließlich ging ich doch. An der Haltestelle suchte ich mit den Augen nach ihm, und – da war er! Ich ging zu ihm, und Minuten später saßen wir bei Kaffee und Tee. Überhaupt war alles wunderschön. Nur – er war gar nicht

Es war ein anderer…
Dorothea Mosner, 23, Sekretärin

" Einfach zu einem Mann gehen und mit ihm reden – nie! Und dann ist es doch passiert "

der Mann vom Tag vorher! Ich hatte ihn noch nie gesehen. Heute sind wir zwei Jahre zusammen, und wir sind sehr glücklich. Den Mann vom Tag vorher? Den habe ich nie wiedergesehen.

Kontakt gesucht!

Welcher kinderliebe, häusliche Mann bis 55 J. schenkt mir u. meinen 2 Kindern Geborgenheit? Bin 39 J., 1,60 gr., hübsch, liebe d. Natur, Wandern, Musik u. ein gemütl. Zuhause. Zuschriften Pressehaus Bayerstraße, München. MT 013586/2.

?? Gibt es eigentlich noch so ein. Mann, auf d. m. s. verlassen kann; d. sich n. imm. a. Bierkrug festhält u. von schlecht. Erfahrg. erz.; d. noch herzl. lach., m. d. m. Blödsinn mach. k.; d. musikal. u. naturverbunden? So ein. hätten wir (41 + 12) gern gefunden. Zuschriften Pressehaus Bayerstraße, München. MT 013553/2.

Leicht behinderte Frau Mitte 40, blond, treu, häuslich usw. su. einfachen Partner, eventuell Frührentner o. auch leicht körperbehindert! bis 55 Jahre. Zuschriften Pressehaus Bayerstraße, München. B 7890.

Sie, fröhlich, nicht kompliziert, sehr reiselustig u. aufgeschlossen, verw. Münchnerin, sucht passsenden Partner bis etwa 58 Jahre. Zuschriften Pressehaus Bayerstraße, München. MB 7880.

Kl. Frauchen, 156, 57 kg, tierl. u. häusl. braucht Deine Liebe. Zuschriften Pressehaus Bayerstraße, München. B 7803.

Gebildete Blondine s. tierlieb. Partner m. Haus u. Garten ab 57 J. Zuschriften Pressehaus Bayerstraße, München. MT 013599/2.

Mein Wunsch ist es auf d. Weg e. liebenswert. gebild. Herrn kennenzulernen. (55–62 J.) Ich bin alleinsteh., verwitw., 168 gr., häusl., fraul., musisch interr. u. v. freundl. Wesensart. Bitte Zuschriften u. Ch. 710/3871 an Ga-Pa. Tagblatt.

Wohnen...

...vor 10 000 Jahren

...vor 200 Jahren

...vor 1000 Jahren

...heute

...vor 500 Jahren

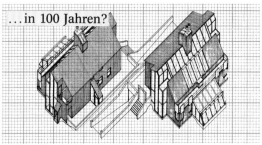

...in 100 Jahren?

1. Sehen Sie sich die Bilder genau an.

| Woran sehen/erkennen | Sie, daß... |
| Warum glauben | |

| Aus welchem Material | sind | die Bauten? |
| | waren | die Möbel? |

| Womit hat man | geheizt?/gekocht? |
| | Licht gemacht? |

Wozu braucht/brauchte man wohl...?
Seit wann gibt es...?

Beton   Öl
Kunststoff   Erde
Kohle   Strom
Stein
Gas   Holz

...Stockwerke
Stall   dicke Mauern
Scheune
brennt leicht
Vieh
niedrige Räume
Speicher
zuwenig Wärme

2. Wie baut man in Ihrem Land?

Wie wohnen Indianer, Eskimos, Beduinen,...? Welches sind die Vorteile und Nachteile der verschiedenen Bauformen?

1. Wo würden Sie am liebsten wohnen?

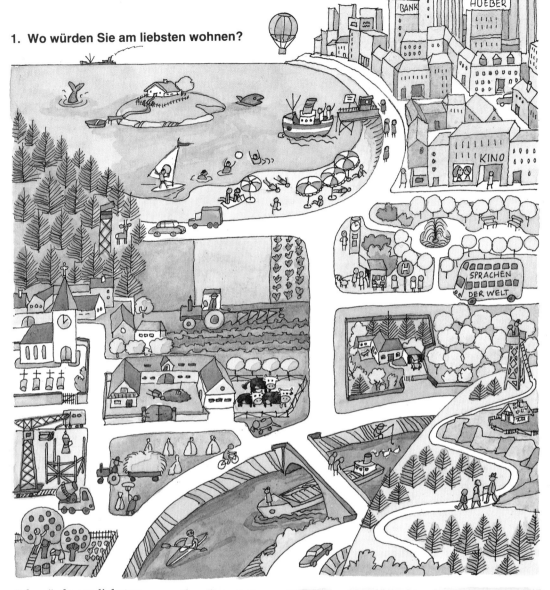

Ich würde am liebsten...
Für mich wäre....
Am besten würde es mir
gefallen,...zu...

Ich finde,...
Das Wichtigste wäre...
Meiner Ansicht nach...

...wäre es...
...könnte man...
...hätte man...

im obersten Stockwerk

innerhalb der Stadt

Neubau   Hochhaus

außerhalb der Stadt

Vorort   Altbau

am Fluß entlang spazierengehen

...ist | direkt | gegenüber
       | gleich | nebenan
       | | um die Ecke
       | nahe   ruhige Gegend
herrliche Aussicht

...liegt gegenüber dem Park

kurze Entfernungen zu...

P. 128, 1

B1

2. Was paßt wo? Wiederholen Sie Nomen zum Thema Wohnen.

Badewanne Schrank Sessel Kühlschrank Waschmaschine Heizung Bett Spiegel
Stuhl Teppich Dusche Tapete Regal Tisch Lampe Sofa

a) Darauf stellt man Teller und Gläser beim Essen: _____
b) Darauf sitzt man: _____
c) Damit wärmt man im Winter die Wohnung: _____
d) Darin bleiben Lebensmittel länger frisch: _____
e) Darin kann man sich sehen: _____
f) Darin liegen oder hängen Kleidungsstücke: _____
g) Braucht man abends, wenn es dunkel ist: _____
h) Macht die Wände schöner: _____
i) Darin werden Kleidungsstücke wieder sauber: _____
j) Darin kann man sich im Stehen waschen: _____
k) Darin kann man sich im Liegen waschen: _____
l) Darin schläft man: _____
m) Darauf kann man zum Beispiel Bücher stellen: _____
n) Darauf können mehrere Personen sitzen: _____
o) Darauf sitzt eine Person sehr bequem: _____

3. Ordnen Sie.

Eßzimmer Zimmerdecke Toilette Küche Zentralheizung Kleinstadt Zentrum
Erde Schlafzimmer Vorort Kinderzimmer Fenster Mauer Wand Treppe Holz
Dach an einer Hauptverkehrsstraße Tür Wohnzimmer Bad Regal Fußboden Bett
Dach an einer Hauptverkehrsstraße Couch Glas Beton Regal Fußboden Bett
Eingang Wasserleitung Stuhl am Wald Innenstadt Dorf Sessel Stein Tisch

Baumaterial	Wohnlage	Möbel	Räume im Haus	feste Teile des Hauses

4. Sehen Sie sich die Zeichnung auf Seite 21 an, und ergänzen Sie die Sätze. Benützen Sie dafür nur die folgenden Wörter, und denken Sie an die Artikel.

entlang gegenüber um…herum innerhalb außerhalb um nebenan

a) Ein Fahrradfahrer fährt _____ Fluß _____.
b) _____ Kirche wird ein Hochhaus gebaut. (_____ Kirche _____ baut man ein Hochhaus.)
c) Ein Bus fährt _____ Park _____.
d) _____ Stadt gibt es keinen Park, nur Häuser und Straßen.
e) Aber _____ Stadtzentrums gibt es viele Wiesen, Felder, Bäume und einen kleinen Park.
f) _____ Kirche stehen nur Bauernhäuser. (_____ Kirche _____ stehen nur Bauernhäuser.)
g) Wenn man im ersten Stadthaus an der Ecke wohnt, hat man das Kino direkt _____.
h) Ist neben dem Kino ein Park? – Nein, der ist _____.
i) Ist der Strand innerhalb der Stadt? – Nein, der ist _____.

Junge Familie mit Kind sucht 3-Zi.-Whg. bis ca. DM 800,– incl. im Anzeigenbereich (Ablöse kein Problem), S-Bahn nicht erforderlich. Tel. vormittags: (089) 39 17 26 od. abends: (089) 7 25 71 66

SOS, jg. Ehepaar, 2 Kinder, su. drgd. Haus, evtl. auf Leibrente, Miete incl. NK bis 1000,– DM, im S-Bahnbereich. Wer hat ein Herz für uns. Angebote Tel. (089) 40 88 47

Junge Familie mit 2 Kindern sucht Haus mit Garten zu mieten. Tel. (089) 72 49 43 03 (Mo.–Fr. 8–17 Uhr), priv. (0 73 92) 64 38 Wochenende

Junges Ehepaar sucht 2–3-Zi.-Wohnung m. Garten od. kleines Haus v. Privat. Tel. (089) 66 32 49

Wir vier (2 Frauen, 2 Kinder) suchen unser Traumhaus (gerne reparaturbedürftig). Tel. (0 81 41) 1 86 90

Bitte helfen Sie uns bei der Suche nach einer preiswerten 4- bis 5-Zi.-Whg. oder Haus mit Garten. Gesucht von einer jungen Fam., 2 Ki., in einer Gegend, in der man noch familiengerecht wohnen kann. Tel. (089) 87 95 42

Musiker-Ehepaar sucht Wohnung, kleines Haus od. Bauernhaus. Tel. (0 81 93) 77 88

Sprachenschülerin sucht ab sofort 1-Zi.-App. in FFB, Buchenau od. Puchheim, bis DM 300,– incl., seriöse Angebote unter Tel. (0 81 91) 7 02 25

Dringend: Suche unmöbl. Zimmer od. Wohngemeinschaft in Germ. für meinen 18jähr. Sohn. Tel. 84 36 89

Junger Mann sucht Zimmer i. Anzeigenbereich. Angebote erbeten an den Verlag unter Chiffre-Nr. 23276

Familie (3 Erw., 3 Kinder) mit Hund (Pudel) sucht dring. 5-Zi.-Whg. im Stadtzentrum bis max. 650,– DM inkl., Ang. Tel. 17 25 69

1. Wer muß am längsten suchen? Was meinen Sie?

2. Schreiben Sie zu dritt eine Anzeige.

Sie möchten zusammen eine Wohnung mieten. Was brauchen Sie?

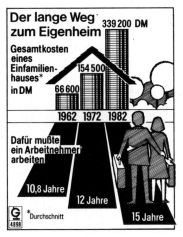

Von zehn Haushalten in der Bundesrepublik haben bis heute nur vier ein Ziel erreicht, von dem viele träumen: im eigenen Haus oder in der eigenen Wohnung zu leben. Weit mehr als die Hälfte aller Haushalte wohnt dagegen zur Miete.

Für normal verdienende Arbeitnehmer wird der Weg zum eigenen Heim tatsächlich immer länger. Vor zwanzig Jahren reichten noch knapp elf Netto-Jahreseinkommen für den Bau eines Einfamilienhauses; inzwischen sind die durchschnittlichen Kosten für Grundstück und Hausbau auf fünfzehn Jahreseinkommen gestiegen. Aber nicht nur die Bau- und Grundstückspreise sind gestiegen – auch die Ansprüche an das Eigenheim. Heute haben Einfamilienhäuser größere Wohnflächen, eine bessere Ausstattung und mehr Komfort als vor zwanzig Jahren.

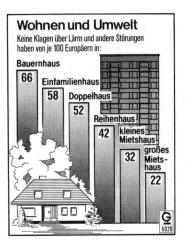

3. Was ist richtig?

	richtig	falsch
a) Rund 60% aller Haushalte müssen für ihren Wohnraum Miete zahlen.		
b) Der Weg von der Wohnung zur Arbeit wird immer länger.		
c) Die Kosten für ein Eigenheim sind schneller gestiegen als die Löhne und Gehälter.		
d) In den letzten zwanzig Jahren sind Einfamilienhäuser im Durchschnitt größer geworden.		
e) Die Bau- und Grundstückspreise sind nicht gestiegen.		

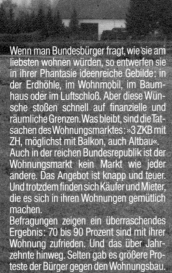

Wenn man Bundesbürger fragt, wie sie am liebsten wohnen würden, so entwerfen sie in ihrer Phantasie ideenreiche Gebilde: in der Erdhöhle, im Wohnmobil, im Baumhaus oder im Luftschloß. Aber diese Wünsche stoßen schnell auf finanzielle und räumliche Grenzen. Was bleibt, sind die Tatsachen des Wohnungsmarktes: »3 ZKB mit ZH, möglichst mit Balkon, auch Altbau«.

Auch in der reichen Bundesrepublik ist der Wohnungsmarkt kein Markt wie jeder andere. Das Angebot ist knapp und teuer. Und trotzdem finden sich Käufer und Mieter, die es sich in ihren Wohnungen gemütlich machen.

Befragungen zeigen ein überraschendes Ergebnis: 70 bis 90 Prozent sind mit ihrer Wohnung zufrieden. Und das über Jahrzehnte hinweg. Selten gab es größere Proteste der Bürger gegen den Wohnungsbau. Proteste gab es nur individuell.

Was wünschen sich die meisten? Größere Wohnungen, bessere Ausstattung, ruhigere Wohngegenden mit »ein bißchen Natur« (Garten, Park in der Nähe, Balkon, Aussicht) in kleineren Gebäuden. Das aber heißt: Wohnen außerhalb der Großstädte. Man möchte auch lieber eine eigene Wohnung als zur Miete wohnen.

Das Häuschen im Grünen

Diese Wohnwünsche haben das Angebot beeinflußt. 1962 noch hatte jede Person knapp 20 Quadratmeter zur Verfügung, 1972 waren es schon 25 und 1978 gar 30 Quadratmeter. Auch die Ausstattung hat sich verbessert. 1962 hatten nur 10 Prozent der Wohnungen ein Bad, WC und Zentralheizung. 1972 waren es schon 42 Prozent und 1978 60 Prozent. Wohnungen ohne eigenes WC findet man kaum noch.

Und wie sieht es außerhalb der vier Wände aus? Eins ist klar: Es ist überall lauter geworden, die Straßen sind kein Freiraum mehr, und die Luft ist schlechter geworden. Verbesserungen dauern lange. Auch deshalb ziehen die Leute aus der Stadt aufs Land. So verlor z.B. Stuttgart in den letzten Jahren 50 000 Einwohner. Das sind fast 10 Prozent. Die Großstädte werden kleiner, die Dörfer und Kleinstädte größer.

Dabei sind viele Bürger aus Etagenwohnungen zur Miete in eigene Wohnungen oder Häuser gezogen und konnten sich so viele Wünsche erfüllen. Das eigene Haus ist immer noch ein wichtiges Lebensziel aller Deutschen. 1957 besaßen nur 29 Prozent Wohneigentum, 1972 waren es schon 34 Prozent und heute haben schon 40 Prozent eine eigene Wohnung oder ein eigenes Haus. Das heißt: Die Bilanz ist positiv.

Heute aber entstehen neue Probleme. Die Gehälter steigen nicht mehr so wie früher, viele Leute sind sogar arbeitslos geworden. Und nun müssen auch noch höhere Preise für die erfüllten Wünsche bezahlt werden. Die Kosten für die Heizung, das Wasser und den elektrischen Strom steigen weiter an. Viele Familien fragen sich: Können wir uns auf die Dauer die Wohnung noch leisten? Die jungen Leute finden oft keine Wohnung, die sie bezahlen können. Die Folge ist: Sie bleiben zu Hause bei der Familie. Neue billigere Wohnungen werden nicht gebaut, weil es sich nicht lohnt. Es kommt noch hinzu, daß die alten Leute nicht aus ihren großen Wohnungen ausziehen. Das Ergebnis: Die Jungen sind enttäuscht. Auch für Wohngemeinschaften und andere alternative Wohnformen ist kein Platz. Kein Wunder, daß diese Situation zum Protest und zur Resignation führen kann.

P. 128, 2

1. Wie wohnen Sie?

Wie wohnt Ihre Familie? Wie viele Leute wohnen in Ihrem Land im eigenen Haus? Gibt es bei Ihnen auch Eigentumswohnungen?
Welche Wohnwünsche haben die Menschen in Ihrem Land? Was gehört zur Ausstattung einer Wohnung?

2. Was bedeutet Ihnen Ihre Wohnung oder Ihr Haus?

> Eine Zwischenstation zwischen Arbeiten und Freizeit, eine Insel.

> Der Ort, wohin ich mich zurückziehe, wenn ich ungestört sein will, wo ich es mir gemütlich mache, wo ich in Ruhe lesen, fernsehen, Briefe schreiben kann. Natürlich freut man sich über gelegentlichen Besuch, aber erst in zweiter Linie.

> Familientreffpunkt, unsere Heimat.

> Ist zum Leben da, für uns zwei; Mann und Frau.

> Da spielt sich sozusagen alles ab. Kinder spielen hier, ich selbst bin den ganzen Tag zuhause.

> Da lebe ich, da mach' ich alles.

> Dort will ich allein sein, ausruhen und Überlegungen anstellen.

> Mein Palast, meine vier Wände, wo ich mich zurückziehen kann.

> My home is my castle! Aber ich habe auch gerne Besuch, wenn mir die Personen sympathisch sind.

> Zufluchtsort für mich selber und um Gäste zu empfangen.

> Ich habe in meinem Haus meine Frau, meine Tochter und mein Enkelkind. Das ist mir genug, um zufrieden zu sein.

Unsere Blitzumfrage:

Wenn Geld keine Rolle spielen würde – was würden Sie bauen?

Schöner alter Bauernhof, Scheune als Garage und Schwimmbad ausgebaut. Wiese mit Pferden; Obstgarten, gleichzeitig als Pferdekoppel. Große Wohnräume, alte Bauernmöbel.

Auf dem Lande mit großen hellen Räumen, Garten, Veranda.

Ein schönes Haus am Waldrand würden wir bauen, vielleicht ein bis zwei Zimmer mehr wie hier, und die Zimmer ein bißchen größer, auch ein Balkon und ein Garten dabei.

In einem großen geräumigen Bauernhaus, wo man viel basteln kann und viel Leute einladen.

Am Stadtrand einer Großstadt, im eigenen Haus. Ich würde mir ein Haus bauen lassen, mit einem Architekten zusammenarbeiten. Die Innenausstattung würde ich selber übernehmen. Ich würde mich im spanischen Stil einrichten.

Dann möchte ich so am Waldrand wohnen mit einem Teich oder Bach in der Nähe zum Angeln.

Im eigenen Haus, nach eigenem Plan gebaut, mehr Zimmer, großer Hobbyraum, große Küche, Garage.

Ein freistehendes größeres Haus auf einem größeren Grundstück (vielleicht Landhaus-Stil) mit viel Holz, rustikal, mit Schwimmbad, mit Kamin, mit großen Räumen; eine Empore, so eine Art zweite Etage, die aus dem Wohnraum zu erreichen ist; große Schiebetüren, damit man viel Natur mit hereinholen kann; Fußboden-Heizung.

3. Und Sie? Was würden Sie bauen?

4. Wie gut ist Ihre Wohnlage? Was könnte besser sein?

P. 128, 2

Von	mir meinem Zimmer unserer Wohnung …	ist sind brauche ich	es	mit	dem Auto der U-Bahn … zu Fuß	…Minuten	zum zur	…

Zum Zur	…	sollten es	höchstens/mindestens etwa/ungefähr	…Minuten sein.

Arzt	Hauptverkehrsstraße	Realschule und Gymnasium
Autobahn	Kaufhaus	Stadtbücherei
Fabrik	Kindergarten	Supermarkt
Flughafen	Kinderspielplatz	Tankstelle und Autowerkstatt
Freibad	Kino	Tante-Emma-Laden
Garage	Krankenhaus	U-Bahn-Station
Grund- und Hauptschule	Nachbarn	Universität
Handwerker	Oper und Theater	Zeitungskiosk
Hauptbahnhof		

5. Ergänzen Sie.

a) Ein Haus, in dem man vieles kaufen kann, ist *ein Kaufhaus*.
Wenn man ein Haus kauft, nennt man das *einen Hauskauf*.

b) Eine Zeitung, in der nur Anzeigen erscheinen, ist _____.
Eine Anzeige in der Zeitung nennt man _____.

c) Ein Garten, in dem es nur Obstpflanzen gibt, ist ein _____.
Obst, das aus dem Garten kommt, nennt man _____.

d) Die Sprache, die Studenten sprechen, nennt man _____.
Die Studenten, die Sprachen lernen, nennt man _____.

e) Ein Kanal für Schiffe ist _____.
Schiffe, die nur auf Kanälen fahren, sind _____.

f) Den Wunsch nach einer bestimmten Wohnung nennt man _____.
Eine Wohnung, die man sich sehr wünscht, ist _____.

g) Eine Wohnung, die man mieten kann, ist _____.
Die Miete, die man für eine Wohnung bezahlt, ist _____.
Aber Vorsicht ! Nicht alle zusammengesetzten Nomen lassen sich so einfach umkehren.

6. Lesen Sie nochmals die Texte auf Seite 23 (Mitte) and Seite 24 (oben). Ordnen Sie die zusammengesetzten Nomen, die Sie in den Texten finden.

a) Nomen (im Singular + Plural) + Nomen
Arbeitnehmer
_____
_____
_____

c) Nomen + (e)s + Nomen
Jahreseinkommen
_____
_____
_____

b) Verbstamm + Nomen
Wohnfläche
_____
_____
_____

d) Adjektiv + Nomen
Altbau
_____
_____
_____

Versuchen Sie jetzt selbst, zusammengesetzte Nomen zu bilden. Ordnen Sie diese auch unter a–d.

Bauern	Neu	Zentral	Grundstücks	Wohnungs	Kauf	Wald	Schiebe
Wohnungs	Schwimm	Spiel		Ehe		Land	Obst
Zeitungs	S-Bahn	Hobby	(Bauern)	Familien	Fuß	Hoch	Wohn

haus	kiosk	bau	treffpunkt	(möbel)	angebot	bad	garten	paar
		preis	tür	haus				haus
rand	bereich	haus	boden	raum	heizung	raum	platz	anzeige

Sie können natürlich viel mehr Nomen bilden, als Sie im Lösungsschlüssel finden. Aber Vorsicht, man kann nicht alle benutzen !

Spiel: Beste Wohnlage

1. Machen Sie vier Wunschlisten, eine für jede Farbe.

eine Minute zu Fuß	fünf Minuten zu Fuß	fünf Minuten fahren	fünfzehn Minuten fahren
Arzt	Freibad Garage	Autobahn	Fabrik Flughafen

2. Würfeln Sie.

Das Spiel beginnt im Stadtpark.

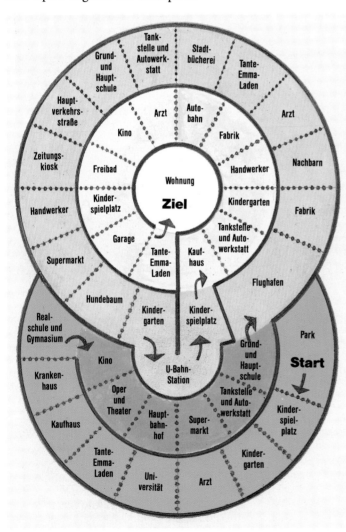

Wenn der Ort, an den Sie kommen, in der „richtigen" Liste steht, also z. B. ein Ort auf dem grünen Kreis in der grünen Liste („fünfzehn Minuten fahren"), dann bekommen Sie drei Punkte.

Wenn Sie die richtige Liste um eine Farbe verfehlen, also wenn z. B. ein Ort auf dem blaugrünen Kreis in der orangen Liste steht, bekommen Sie zwei Punkte.

Wenn Sie die richtige Liste um zwei Farben verfehlen, bekommen Sie einen Punkt, und wenn Sie sogar um drei Farben daneben liegen, bekommen Sie keinen Punkt.

In die Wohnung darf man erst hinein, wenn der Schlüssel paßt: Man muß genau die richtige Punktzahl würfeln. Wer als erster in der Wohnung ist, bekommt drei Zusatzpunkte; der zweite bekommt zwei, der dritte einen. Wer am meisten Punkte hat, wohnt in der besten Wohnlage!

MOMENT MAL!

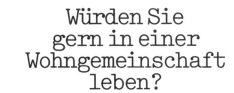

Würden Sie gern in einer Wohngemeinschaft leben?

Eva Kramer, Studentin

Uta Kraus, Studentin

Ja Nicht nur, weil es billiger ist, wenn man sich eine Wohnung teilt, sondern auch, weil ich es angenehmer finde, mit ein paar Leuten zusammenzuwohnen. Es ist immer jemand da, mit dem man reden, zusammen in der Küche stehen und kochen, zusammen essen kann. Ich finde es schrecklich, wenn ich nach Hause komme und die Wohnung leer ist. Die beste Voraussetzung für eine Wohngemeinschaft ist natürlich, daß man sich mit den Mitbewohnern versteht. Aber auch wenn man einen davon nicht besonders sympathisch findet, ist das meiner Meinung nach nicht schlimm. Man lernt so, sich auseinanderzusetzen, den Mitmenschen zu respektieren, partnerschaftlich zusammenzuleben. In einer Wohngemeinschaft kommt es immer zu einem Gedankenaustausch. Und der ist viel intensiver als der mit Freunden, die man nur ab und zu trifft. Natürlich, auch in einer Wohngemeinschaft braucht jeder seinen Freiraum.

Nein Denn mit mehreren Menschen auf meist engem Raum zusammenzuleben erfordert viel Toleranz und Disziplin. Und dazu bin ich nicht immer bereit. Laute Musik aus dem Nebenzimmer, wenn ich gerade Ruhe haben will, stört mich eben. Und es paßt mir auch nicht, aus Rücksicht auf die anderen meinen Abwasch in der Küche sofort zu erledigen, wenn ich gerade etwas Wichtigeres zu tun habe. Ich mag mich nicht immer nach meinen Mitbewohnern richten. Lieber spare ich an anderen Dingen und leiste mir eine kleine Wohnung, in der ich meine Ruhe habe. Ich will auch nicht, daß jeder über mein Privatleben, meine Besucher, meine Gewohnheiten, meine Stimmungen Bescheid weiß. Ab und zu möchte ich gern allein sein. In einer Wohngemeinschaft kann man zwar die Zimmertür hinter sich schließen, aber allein ist man deshalb noch lange nicht. Bei so vielen Leuten ist doch immer etwas los.

P. 129, 3

Was meinen Sie?

Ich	finde	nicht,	daß...
	meine	auch,	
	glaube		
Ich	würde gern mal...		
	möchte jedenfalls nicht...		

billiger   Privatleben   junge Leute   lernen

langweilig   diskutieren   lustig   helfen

zusammenpassen   auf Kinder aufpassen

GROMANN

Gromann Baugesellschaft KG · Ostendstr. 27 · 6000 Frankfurt 3

Willy Plaß · Installateur · Bettinastr. 3 · 6050 Offenbach

Herrn Gerhard Klaasen
Mainufer 67
6000 Frankfurt 17

10. Oktober 85

Herrn
Gerhard Klaasen
Mainufer 67
6000 Frankfurt 17

Rechnung   423,89 DM
Wasserleitung repariert:

Bezug: Ihr Schreiben vom 27.8.85

Ernst Rottmann   Schneckenhofstr. 42
Malermeister   6000 Frankfurt 2

Sehr geehrter Herr Klaasen,
Ihr Schreiben vom 27.8., in dem Sie Ihre Wohnung in
unserem Gebäude Mainufer 67, 13. Stock, kündigen, haben
wir erhalten. Wir erlauben uns, Sie daran zu erinnern,
daß Sie laut Mietvertrag verpflichtet sind, die Wohnung
in demselben Zustand zu verlassen, in dem sie war, als
Sie eingezogen sind. In den nächsten Tagen schicken wir
unseren Mitarbeiter Herrn Bogner zu Ihnen, damit er den
Zustand der Wohnung kontrollieren und alles Notwendige
mit Ihnen besprechen kann.

Mit freundlichen Grüßen

i.A. *May*

Herrn Gerhard Klaasen   Frankfurt, den 7. 10. 1985
Mainufer 67
6000 Frankfurt 17

Kostenvoranschlag

Auszuführende Arbeiten:
Zimmerdecken streichen, Wände tapezieren, Teppichboden
verlegen, 1 Fenster streichen.
Arbeitslohn:
ca. 27 Arbst. à 45 DM/Std.   1215,-- DM
Material:
ca. 23 kg Wandfarbe weiß   34,-- DM
Fensterfarbe, 1 kg   18,20 DM
Teppichboden (Auslegeware, 22 qm)   424,60 DM
Tapete Rauhfaser einfach, ca. 210 qm) 153,-- DM
Kleinmaterial   30,-- DM

Summe   1874,80 DM
                    Mwst. 14%   262,47 DM
Endsumme: 2137,27 DM

1. Hören Sie den Dialog.

2. Welcher Schaden ist in welchem Raum?

Loch im Teppichboden
Wasserleitung undicht
Licht geht nicht an / Birne oder Schalter kaputt
Fenster nicht dicht / es zieht

Wohnzimmer   Kinderzimmer   Bad
        Flur
Schlafzimmer   Küche   Eßzimmer

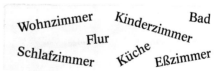

3. Welche Arbeiten muß Herr Klaasen noch machen bzw. machen lassen, bevor er auszieht?

Räume tapezieren – Türen streichen – Zimmerdecken streichen – Dusche in Ordnung bringen –
Küchenschrank reparieren – Wohnung reinigen

4. Was meinen Sie, welche Arbeiten kann er selber machen, welche sollte er machen lassen?

5. Finden Sie es richtig, daß Herr Klaasen alle Schäden in der Wohnung selbst bezahlen soll?

6. Wiederholen Sie ‚Wo + Präposition?‘

gegen	zu	(r)an	(r)auf	für	(r)über	von	(r)aus	durch	mit

a) Wo_____ heizte man vor 1000 Jahren? _____ Holz.

b) Wo_____ baut man heute die meisten Hochhäuser? _____ Beton.

c) Wo_____ erkennt man alte Häuser? _____ der Bauform und _____ Baumaterial.

d) Wo_____ träumt Familie Kurz? _____ einer ruhigen Wohnung.

e) Wo_____ freut sich Jochen? _____ die herrliche Aussicht in seiner Neubauwohnung.

f) Wo_____ brauchte man vor 1000 Jahren Holz? _____ den Hausbau, _____ Heizen
und _____ die Möbelherstellung.

g) Wo_____ fährt Herr Janßen zur Arbeit? _____ dem Bus oder _____ der S-Bahn.

h) Wo_____ beschweren sich die Leute im Altbau? _____ den kaputten Aufzug.

i) Wo_____ warten die Leute im neuen Vorort? _____ die neue Schnellstraße.

j) Wo_____ gibt es so viel Lärm am Kirchplatz? _____ die Baustelle.

k) Wo_____ demonstrierten die Leute gestern? _____ das häßliche Hochhaus am
Kirchplatz.

7. Was paßt nicht?

a) Toilette, Küche, Waschbecken, Badewanne

b) Fußboden, Zimmerdecke, Wand, Garage

c) Gebäude, Gas, Strom, Wasser

d) Dachboden, Keller, Altbau, Stockwerk

e) Steckdose, Ofen, Heizung, Kamin

f) Küche, Dach, Bad, Flur

g) Hochhaus, Neubau, Bauernhof, Keller

h) Teppich, Bild, Erdgeschoß, Tapete

i) Schalter, Loch, Birne, Licht

j) Fläche, Vieh, Pferd, Wiese

k) Kunststoff, Stein, Erde, Wärme

l) Vermieter, Mieter, Pferd, Mitarbeiter

m) Vorschrift, Recht, Gesetz, Tatsache

Wenn Sie glauben, daß Sie die richtige Lösung gefunden haben, ordnen Sie jeder Reihe eine
Erklärung zu:

1	j	gehört zu einem Bauernhof
2		alles Personen
3		alles gegen Kälte
4		gehört zur elektrischen Lampe
5		alles im Badezimmer
6		bequem, wenn man es in der Woh-nung hat
7		was man (nicht) tun muß, kann, darf

8		Material zum Bauen
9		alles Gebäude
10		feste Teile eines Hauses
11		sind zusammen ein Zimmer
12		macht Räume schöner
13		Räume in einer Wohnung

8. Was können Sie auch sagen?

a) *Womit wird geheizt?*
  Ⓐ Aus welchem Material ist die Heizung?
  Ⓑ Womit heizt man?
  Ⓒ Wozu wird geheizt?

b) *Wozu wird Kunststoff gebraucht?*
  Ⓐ Wozu verwendet man Kunststoff?
  Ⓑ Wofür braucht man Kunststoff?
  Ⓒ Woraus wird Kunststoff gemacht?

c) *Billige Mietwohnungen zu bauen lohnt sich nicht.*
  Ⓐ Billige Mietwohnungen zu bauen, ist kein gutes Geschäft.
  Ⓑ Billige Mietwohnungen zu bauen, ist viel Arbeit.
  Ⓒ Billige Mietwohnungen bauen können nur arme Leute.

d) *Gaby muß innerhalb eines Monats ausziehen.*
  Ⓐ Gaby muß ihre Wohnung spätestens in einem Monat verlassen.
  Ⓑ Gaby kann noch höchstens einen Monat in ihrer Wohnung bleiben.
  Ⓒ Gaby muß in einem halben Monat ausziehen.

e) *Das Haus ist in einem schlechten Zustand.*
  Ⓐ Das Haus muß renoviert werden.
  Ⓑ Das Haus hat zu kleine Räume.
  Ⓒ Das Haus hat keinen Garten.

f) *Du hast ja wirklich eine Traumwohnung!*
  Ⓐ Ich finde deine Wohnung phantastisch.
  Ⓑ Ich habe gestern von deiner Wohnung geträumt.
  Ⓒ Deine Wohnung ist viel zu teuer.

g) *In einer Wohngemeinschaft ist immer etwas los.*
  Ⓐ In einer WG ist es nie langweilig.
  Ⓑ In einer WG gibt es jeden Tag Streit.
  Ⓒ In einer WG kann jeder machen, was er will.

h) *Woran erkennt man Bauernhäuser?*
  Ⓐ Wie erkennt man Bauernhäuser?
  Ⓑ Womit erkennt man Bauernhäuser?
  Ⓒ Woran sieht man, welche Häuser Bauernhäuser sind?

i) *Woraus wird Beton gemacht?*
  Ⓐ Wozu wird Beton gemacht?
  Ⓑ Aus welchem Material ist Beton?
  Ⓒ Woraus macht man Beton?

j) *Das neue Gesetz hat Verbesserungen für die Mieter gebracht.*
  Ⓐ Das neue Gesetz bringt den Mietern Vorteile.
  Ⓑ Die Mieter verstehen das neue Gesetz besser.
  Ⓒ Das neue Gesetz ist besser für die Vermieter.

k) *Die wichtigste Voraussetzung ist, daß die Wohnung einen Balkon hat.*
  Ⓐ Meine Wohnung muß unbedingt einen Balkon haben.
  Ⓑ Wenn die Wohnung keinen Balkon hat, nehme ich sie nicht.
  Ⓒ Ich sitze gern auf dem Balkon.

l) *Meiner Ansicht nach sind Hochhäuser häßlich.*
  Ⓐ In Hochhäusern ist die Aussicht schlecht.
  Ⓑ Hochhäuser gefallen mir nicht.
  Ⓒ Niemand wohnt gern in Hochhäusern.

m) *Uta will ihre Gewohnheiten nicht ändern.*
  Ⓐ Uta will die Wohnung nicht wechseln.
  Ⓑ Uta will genauso weiterleben wie bisher.
  Ⓒ Uta ändert sich gewöhnlich nicht.

n) *Ein eigenes Haus kann ich mir nicht leisten.*
  Ⓐ Ein eigenes Haus lohnt sich nicht.
  Ⓑ Ein eigenes Haus ist zu teuer für mich.
  Ⓒ Ein eigenes Haus kann ich nicht bezahlen.

B3

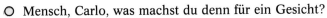

○ Mensch, Carlo, was machst du denn für ein Gesicht?

□ Ach, mein Vermieter hat mir gekündigt.
Jetzt muß ich schon wieder ein neues Zimmer suchen.

○ Wie kommt das denn? Du bist doch erst vor einem halben Jahr eingezogen.

□ Ja, und jetzt soll ich schon wieder umziehen.
Der Vermieter braucht das Zimmer selbst, behauptet er.

○ Sag mal, du hast doch einen Mietvertrag abgeschlossen, nicht? Was steht denn da drin?

□ Na ja, ich wohne ja nur als Untermieter; wenn der Vermieter das Zimmer selbst braucht, kann er mir kündigen.

○ Ach was! Das muß er erst mal beweisen!
Es gibt schließlich ein Mieterschutzgesetz!

□ Was nützt mir das?

○ Du solltest erst einmal zum Mieterverband gehen.
Dort kannst du dich nach deinen Rechten erkundigen.

☞
P. 129, 3
P. 130, 4

Meinst du? Vielleicht sollte ich das wirklich versuchen...

Ach weißt du, ich möchte keinen Ärger haben.
Ich suche mir lieber ein neues möbliertes Zimmer.

Was	ist denn mit dir los?
	hast du denn?
Ist was?	

Meine Wohnung	ist mir gekündigt worden.
Mein Zimmer	
...	

Du bist doch	gerade erst	eingezogen.
	erst vor...	
	erst seit...da drin.	

Der	Besitzer	will	den Raum selbst benutzen.
	Vermieter		das Haus renovieren.
			...

| Was | steht denn in | deinem Mietvertrag? |
| | ist denn mit | |

| Ich habe ja | nur ein möbliertes Zimmer/... |
| | gar keinen Mietvertrag. |

Die Wohnung	kann	innerhalb eines Monats
...		fristlos/ohne weiteres
		gekündigt werden.

Das heißt noch gar nichts.
Da bin ich nicht so sicher.
Es gibt doch gesetzliche Vorschriften.

Das	nützt	doch nichts. Der macht ja doch,
	bringt	
		was er will.

Kennst du überhaupt deine Rechte?	
Erkundige dich mal	beim Mieterverband.
	bei deinen Nachbarn.
	...

Vielleicht hast du recht.

Ach nein, ich will keine Schwierigkeiten haben.

| Ich | suche lieber wieder etwas Neues. |
| | gehe lieber zur Zimmervermittlung./zu... |

1. Schreiben Sie einen Dialog.

Hallo Carlo, was ist denn passiert? Du siehst ja so traurig aus!

Na ja, ich muß schon wieder umziehen.

Du weißt doch, was das Gesetz sagt:
Wenn der Vermieter das Zimmer für sich oder seine Familie braucht,
kann er dem Mieter kündigen.

Kannst du nichts dagegen machen?

Was? Du wohnst doch erst seit 6 Monaten in deinem neuen Zimmer!

Das finde ich auch. Aber hilft mir das, wenn ich es nicht beweisen kann?

Das weiß ich auch nicht. Informiere dich doch mal beim Mieterverein. Der kann dir vielleicht helfen.

Aber das wußte er doch bestimmt schon vor einem halben Jahr. Das hätte er dir sagen müssen, daß du nur so kurz bei ihm wohnen kannst!

Mein Vermieter braucht das Zimmer für seinen Sohn, sagt er. Deshalb hat er mir gekündigt.

○ Hallo Carlo, was ist ... _____
□ _____
○ _____
□ _____
○ ...

2. Schreiben Sie einen Brief.

Carlo macht in zwei Monaten seine Abschlußprüfung an der Universität. Er hat keine Zeit, selbst zum Mieterverein zu gehen, und schreibt deshalb einen Brief. Vorher notiert er sich ein paar Stichpunkte.

Schreiben Sie den Brief für Carlo. Beginnen Sie mit ‚Sehr geehrte Damen und Herren‘, und schreiben Sie zum Schluß ‚Mit freundlichen Grüßen‘ und dann Ihre Unterschrift.

– seit 6 Monaten ein Zimmer
– Untermieter
– kein Mietvertrag
– soll Zimmer innerhalb eines Monats verlassen (bis 31. 8.)
– Prüfung am 15. 9.
– keine Zeit, neues Zimmer zu suchen
– Vermieter will Zimmer für Sohn
– wußte es sicher vorher, hat aber nichts gesagt
– Frage: Was sagt Gesetz? Wann ausziehen? Möglichkeit, bis nach Prüfung zu bleiben?

3. Was paßt wo?

gelegentlich	ab und zu	ohne weiteres	überhaupt	eigentlich

a) Meistens bin ich gern mit anderen Leuten zusammen, aber _____ möchte ich doch alleine sein und meine Ruhe haben.

b) Ich bin gerne allein, aber über _____ Besuch freue ich mich.

c) Diesen Mietvertrag kannst du _____ unterschreiben; der ist in Ordnung.

d) Hast du _____ gewußt, daß dieses Haus schon 250 Jahre alt ist?

e) Du willst ein Haus kaufen? Hast du _____ soviel Geld?

f) Die Miete ist zwar teuer, aber ich kann sie _____ bezahlen.

g) Ich wohne hier nicht schlecht, aber _____ werde ich eine ruhigere Wohnung suchen.

4. Was muß gemacht werden? Schreiben Sie.

Herr Eilers hat seine Wohnung gekündigt. Bevor er auszieht, muß er noch einige Sachen in Ordnung bringen. Was muß gemacht werden?

a) Wände streichen *Die Wände müssen gestrichen werden.*_____

b) Wasserleitung reparieren _____

c) Dusche reparieren _____

d) Heizung in Ordnung bringen _____

e) Keller reinigen _____

f) Räume tapezieren _____

g) Wohnung sauber machen _____

5. Was können Sie auch sagen?

a) *Mein Geld reicht nicht für eine Eigentumswohnung.*
   - Ⓐ Ich kann mir keine Eigentumswohnung leisten.
   - Ⓑ Für eine Eigentumswohnung habe ich nicht genug Geld.
   - Ⓒ Ich bin reich, aber trotzdem kaufe ich keine Eigentumswohnung.

b) *Der Dachboden ist über eine Treppe zu erreichen.*
   - Ⓐ Wenn man auf den Dachboden gehen will, muß man eine Treppe benutzen.
   - Ⓑ Es führt eine Treppe auf den Dachboden.
   - Ⓒ Über dem Dachboden ist eine Treppe.

c) *Das nützt doch nichts.*
   - Ⓐ Das gefällt mir nicht.
   - Ⓑ Das hat doch keinen Zweck.
   - Ⓒ Das hilft doch auch nicht.

d) *Carlo möchte (mit seinem Vermieter) keine Schwierigkeiten haben.*
   - Ⓐ Carlo möchte keinen Streit haben.
   - Ⓑ Carlo möchte keinen Ärger haben.
   - Ⓒ Carlo möchte keinen Schaden haben.

e) *Die Baukosten sind stark gestiegen.*
   - Ⓐ Wer bauen will, muß sehr stark sein.
   - Ⓑ Der Hausbau ist in den letzten Jahren sehr teuer geworden.
   - Ⓒ Früher war ein Hausbau wesentlich billiger.

f) *Carlo zieht nächste Woche um.*
   - Ⓐ Carlo zieht nächste Woche in eine andere Wohnung ein.
   - Ⓑ Carlo zieht nächste Woche aus seiner alten Wohnung aus.
   - Ⓒ Carlo zieht sich um.

Was sagt man dazu?

A. Sehen Sie sich das Bild genau an.

B. Was könnten die Leute sagen (oder denken)?
   Finden Sie Worte oder Sätze für die Sprechblasen.

C. Spielen Sie einige der Situationen.

Oft Anlaß zum Streit: die Hausordnung

Was muß sich ein Wohnungsmieter eigentlich gefallen lassen? – Da hatte sich zum Beispiel ein junges Ehepaar im Mietvertrag verpflichtet, keine Kinder zu bekommen. Als dann doch ein Kind zur Welt kam, wurde den Eltern prompt die Wohnung gekündigt. Vor Gericht konnte der Vermieter diese Kündigung aber nicht durchsetzen: Der Richter stellte fest, daß die Vorschrift »Keine Kinder« in einem Mietvertrag nicht erlaubt ist und daß deshalb eine Verletzung dieser Vorschrift kein Grund für eine Kündigung der Wohnung sein kann.

Solche Fälle sind aber nicht sehr häufig. Denn wer eine Wohnung mietet, der liest den Mietvertrag meistens genau durch, und wird lieber auf eine Wohnung verzichten, als eine Bestimmung wie »Keine Kinder« zu akzeptieren.

Auf eines achtet man allerdings oft nicht so sehr: auf die Hausordnung. Daher kommt es, daß in den meisten Fällen nicht die Regelungen im Mietvertrag, sondern die Bestimmungen der Hausordnung später zum Streit zwischen Vermieter und Mieter führen. Und mancher erlebt eine böse Überraschung, wenn er plötzlich merkt, daß er nur drei Stunden am Tag das Fenster zum Lüften öffnen darf, oder daß abends das Duschen verboten ist. Klar, daß man sich dann ärgert und sich fragt, was man gegen eine solche Hausordnung unternehmen kann.

Wie eine Hausordnung aussehen sollte, darüber gibt es keine allgemeingültige Regelung. Jeder Vermieter darf sich eine eigene Ordnung für sein Mietshaus ausdenken. Aber in einigen Grundsatzfragen haben sich die Gerichte – durch die mancher Streit um die Hausordnung schließlich geklärt werden muß – geeinigt. So gilt es zum Beispiel als unzulässig, wenn

– ein Vermieter Baden und Duschen nach 22 Uhr verbieten will;
– das Musizieren völlig untersagt werden soll;
– Besuch nach 22 Uhr verboten ist;
– der Vermieter vorschreibt, wann und wie lange man seine Wohnung lüften darf.

Es gibt noch krassere Fälle, ähnlich wie das Kinderverbot. Vorschriften zum Beispiel wie »Besuche sind nur an Wochenenden gestattet« oder »nach 20 Uhr darf die Toilette nicht gespült werden«. Eine Lehrerin mietete eine Wohnung mit der Vorschrift »kein Herrenbesuch nach 22 Uhr abends, nur ein Wannenbad in der Woche, keine Straßenschuhe in der Wohnung«. All dies muß sich ein Mieter natürlich nicht gefallen lassen.

Schwieriger wird es allerdings, wenn die Hausordnung Teil des Mietvertrags ist. Dann hat man nämlich zusammen mit dem Mietvertrag auch die Hausordnung unterschrieben, und da hilft dann meist nur noch ein Rechtsanwalt und – wenn der Vermieter nicht nachgeben will – das Gericht.

Was der Vermieter bestimmen darf, wird von den Juristen so beschrieben: Es sind nur solche Anordnungen möglich, die notwendig sind, um die Ordnung im Haus zu bewahren und ein »gedeihliches Zusammenleben« der Mieter zu ermöglichen. Dazu gehört zum Beispiel die Bestimmung, daß die üblichen Ruhezeiten (nachts von 22 bis 7 Uhr, mittags von 13 bis 15 Uhr) eingehalten werden. Oder daß nur tagsüber Staub gesaugt werden darf.

Ein Vermieter kann außerdem dem Mieter verbieten,
– in der Wohnung Wäsche zu trocknen;
– Fahrräder im Treppenhaus abzustellen;
– Hunde oder Katzen in der Wohnung zu halten.

Die Frage, ob man auf dem Balkon einer Mietwohnung grillen darf oder nicht, ist bei den Rechtsanwälten und Richtern immer noch ungeklärt.

Wenn man mit seiner Hausordnung nicht einverstanden ist, sollte man den Vermieter darauf ansprechen. Sagt man nichts, kann dies als Zustimmung zur Hausordnung verstanden werden. In jedem Fall ist es besser, wenn man zuerst versucht, sich direkt mit dem Vermieter einig zu werden. Schließlich will man sich ja nicht mit dem Hausbesitzer vor Gericht treffen.

Wenn aber alles nichts hilft, kann man sich bei einem Rechtsanwalt, aber auch bei Mietervereinen oder in größeren Städten bei den Amtsgerichten erkundigen, die oft besondere Beratungsstellen eingerichtet haben. Solche Beratungsstellen sind allerdings nur für solche Mieter, die zuwenig Geld haben, um einen Rechtsanwalt zu bezahlen.

Und da wir gerade beim Geld sind: Wenn das Gericht einem Mieter Recht gibt, kann der vom Vermieter verlangen, daß er ihm nicht nur Beratungs- und Anwaltskosten ersetzt, sondern auch finanzielle Nachteile, die ihm durch das vertragswidrige oder unerlaubte Verhalten des Vermieters entstanden sind. Schmerzensgeld kann er allerdings im allgemeinen nicht verlangen.

Was machen die Leute?

P. 130, 1

Warum oder wozu machen sie diese Sachen?
Welche Beschäftigungen finden Sie sinn-
voll, welche nicht?
Welche Gefahren sehen Sie bei einigen
Beschäftigungen?

Der	fröhliche	Junge	auf dem Dach	...
Die	dicke	Kaminfeger	am Ufer	
Das	junge	Oma	mit der Brille	
	...		in...	
		...	unter...	

fotografieren   Eisenbahn spielen

reiten   faul | sein   winken   festhalten

fröhlich

in Gedanken | sich freuen   rauchen

beobachten   ein Kind am Haken haben

ein Comic-Heft | lesen   tropfen

ein Taschenbuch   Besuch begrüßen

essen   radfahren   schauen   turnen

n der Wirtschaft | sitzen   Bahn | fahren   segeln
im Gasthaus   tanzen   dunkles/helles Bier trinken   Schiff   denken
auf der Bank   stehlen   Boot
auf dem Berg | sich ins Wasser stürzen   bauen   sich sonnen   nähen
                                              ein Fest feiern

stricken   Antenne aufstellen   Pause | machen   wandern   Brief schreiben
                                  Musik   springen
dichten   sich...ansehen   Yoga   abfliegen
                            ein Picknick | Besuch haben
                                                       malen
n Stück Kuchen probieren   laufen   angeln   streichen

1. Was machen Sie in Ihrer Freizeit?

A. Was tun Sie außerhalb Ihrer Arbeitszeit? Ergänzen Sie die nebenstehende Liste.

B. Vergleichen Sie die Angaben in der Liste mit Ihren eigenen Gewohnheiten. Was tun Sie häufiger als die durchschnittlichen Bewohner der Bundesrepublik? Was weniger häufig? Was nie?

2. Was ist richtig?

A. Lesen Sie die beiden Grafiken.

B. Was ist richtig?

a) ☐ Die Bundesdeutschen gehen während 55% ihrer Freizeit spazieren.

☐ Etwa die Hälfte der Deutschen geht oft spazieren.

☐ 55% der Deutschen gehen in der Freizeit nur spazieren.

b) ☐ Ein gutes Drittel der Freizeit vergeht mit Besuchen.

☐ Nur 36% besuchen ihre Bekannten und Verwandten.

☐ 36% sagen, daß sie ihre Verwandten und Bekannten häufig besuchen.

c) ☐ Die Bundesbürger geben für Radio und Fernsehen mehr aus als für Bücher und Zeitungen.

☐ Für Bücher, Zeitungen, Radio und Fernsehen gibt der Bundesbürger weniger aus als für das Auto.

☐ Kino, Theater und Konzert kosten mehr als ein Garten oder Haustiere.

Häufigkeit von Freizeitaktivitäten

55%	Spazierengehen
44%	Ausflüge machen
36%	Besuch bei Verwandten/Bekannten
34%	Baden und Schwimmen
32%	Wandern in der Natur
23%	Sport und Spiel
20%	Zuschauen bei Sportveranstaltungen
15%	sich bilden, sich fortbilden
12%	Radfahren zum Vergnügen
12%	Besichtigung von Sehenswürdigkeiten

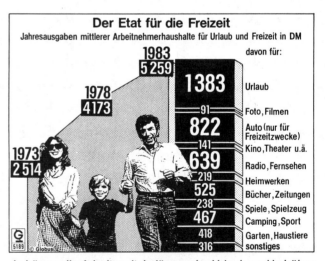

Der Etat für die Freizeit
Jahresausgaben mittlerer Arbeitnehmerhaushalte für Urlaub und Freizeit in DM

1983
5 259

1978
4 173

1973
2 514

davon für:

1383 Urlaub
91 Foto, Filmen
822 Auto (nur für Freizeitzwecke)
141 Kino, Theater u.ä.
639 Radio, Fernsehen
219 Heimwerken
525 Bücher, Zeitungen
238 Spiele, Spielzeug
467 Camping, Sport
418 Garten, Haustiere
316 sonstiges

G 5189 © Globus

Je kürzer die Arbeitszeit, je länger der Urlaub und je höher das Einkommen, desto mehr Geld hat der Bundesbürger für Reisen und Erholung, für Unterhaltung und Hobby, für Sport und Spiel übrig. Ein Vier-Personen-Arbeitnehmerhaushalt mit mittlerem Einkommen hat 1983 für diese Zwecke insgesamt 5259 DM ausgegeben. Vor zehn Jahren war es noch nicht einmal halb so viel.

Was heißt es für einen jungen Menschen, in der Provinz zu leben?

Höxter/Westfalen: 33 000 Einwohner, 8000 von ihnen sind Jugendliche. Kein Jugendamt und kein Jugendzentrum.
»Daß Du viel reisen mußt. Du reist von einer Gegend in die andere, überall, wo was los ist. Ich habe, glaube ich, erkannt, daß ich dieses Leben mit Inhalt füllen muß und auch füllen will. Aber es fällt mir ungeheuer schwer, da laß ich lieber mal was sausen und geh meinen Gewohnheiten nach. Geh in die Flipperhalle, weil ich da andere Typen treffe, da sind alle. Da kannste wenigstens reden. Aber zu Hause Dich hinsetzen, das ist einfach nicht drin. Du bist abgeschlafft... Ich resigniere manchmal, ganz einfach, weil ich nicht mehr weiter weiß... Ich bring es einfach nicht.« »Sich selbst eine Aufgabe stellen und was unternehmen ist furchtbar schwierig, weil man auf Schritt und Tritt doch auf seine Grenzen gestoßen wird. Wenn man permanent frustriert wird, weicht man aus und verzichtet auf die großen Projekte.« »Freizeit, das heißt bei uns, Badeanstalt im Sommer, im Winter gammeln zu Hause. Die Initiative wäre vorhanden bei einigen. Aber es fehlt der Mut, sich zusammenzuschließen. Es fehlt an Räumlichkeiten. Dann werden viele von den Eltern ziemlich streng gehalten. Viele hören von den Eltern, sie hätten es früher auch nicht besser gehabt. Am Wochenende treffen wir uns manchmal und diskutieren ein bißchen oder fahren in die Stadt und gehen Eis essen. Mehr ist sowieso nicht los. Oder die Diskothek. Aber Probleme kann man da auch nicht besprechen.«

Obernkirchen/Westfalen: 8060 Einwohner, davon 2500 Jugendliche. Die Kleinstadt wird von der einzigen größeren Fabrik, einer Glasfabrik, bestimmt. Die meisten Bewohner von Obernkirchen arbeiten hier. Dem Jugendlichen bleiben nicht viele Möglichkeiten der Berufswahl: ein paar Kleinbetriebe und die Glasfabrik. Nächste Arbeitsmöglichkeit ist das 20 km entfernte Minden. Als Treffpunkt dient eine Kneipe.
»Man weiß hier gar nicht, wie man eigentlich zusammenleben müßte. Hier hat jeder sein Einfamilienhaus, jeder ist mit seinem Garten beschäftigt und ist zufrieden.« »Man kennt seine Nachbarn und damit ist es dann aus. Die Kinder werden genauso erzogen. Tut einer was, was außerhalb der allgemeinen Regeln steht, wird er ausgestoßen. Man traut dem Jugendlichen auch zu wenig zu. Man sagt, die Älteren haben Erfahrungen und die Älteren können es machen. Die Jüngeren müssen erst sehr alt werden, um überhaupt was zu unternehmen. Das zeigt sich im Stadtjugendring: Von 17 Vertretern sind nur vier unter dreißig Jahren.«

1. **Warum sind die Jugendlichen in Höxter und Obernkirchen mit ihrer Freizeit nicht zufrieden?**

2. **Vergleichen Sie.**

Wie unterscheiden sich die Freizeitmöglichkeiten der Jugendlichen in Höxter und Obernkirchen von Ihren eigenen Freizeitmöglichkeiten? Warum unterscheiden sie sich?

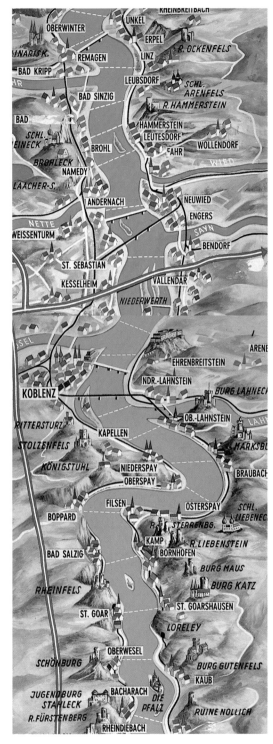

Steile Berge, alte Burgen

Mit dem Rad am Rhein entlang

Mein Freund Stephan und ich sind in den Osterferien mit dem Rad den Rhein hinauf bis Straßburg gefahren, also von Norden nach Süden. Mein Vater hat uns mit dem Auto auf der Autobahn von Köln bis ins Siebengebirge gefahren. Das liegt östlich von Bonn. So konnten wir gleich am Anfang der Fahrt etwa 12 km bergab ins Rheintal nach Linz hinunterfahren. Das war super. In den vielen Kurven mußten wir stark bremsen. Darum bin ich immer rund 100 Meter hinter Stephan geblieben. So sind wir auch durch das alte Stadttor nach Linz hineingefahren.

Linz ist eine alte kleine Stadt mit vielen bunten Fachwerkhäusern. Südlich von Linz wird das Rheintal immer enger. Hoch oben über den Weinbergen sind Burgen, Schlösser und Burgruinen. Am besten kann man die auf der anderen Seite des Rheins sehen. Die Straße führt oft direkt am Rhein entlang. Hier fahren nur wenige Autos. Von Leutesdorf aus sind wir mit der Autofähre nach Andernach hinübergefahren. Das ist nicht teuer und macht viel Spaß. Andernach hat eine alte Stadtmauer aus dem Mittelalter. Südlich von Andernach wird das Rheintal wieder breiter. Dort gibt es viel Industrie und ein Atomkraftwerk. Nach einer Stunde fuhren wir auf einer Brücke über die Mosel nach Koblenz hinein. Dort fließt die Mosel, die mit vielen Windungen von Westen kommt, in den Rhein. Wer aus Frankreich, Belgien oder Luxemburg kommt, sollte über Trier und Cochem die Mosel abwärts zum Rhein fahren.

Als wir nun wieder über den Rhein fuhren und zur Jugendherberge in der Festung Ehrenbreitstein wollten, mußten wir unsere Fahrräder einen steilen Berg (13%) hinaufschieben. Als wir durch das erste Tor kamen, sahen wir nur Schießscharten. Danach ging es durch weitere Tore, bis wir auf einem großen Platz standen – mit Blick hinunter auf den Rhein. Hier standen noch im Ersten Weltkrieg (1914–1918) die großen Kanonen. In der Jugendherberge war es sehr kalt, viel kälter als draußen. Wir haben die ganze Nacht gefroren.

Nach einem guten Frühstück fuhren wir den steilen Berg hinunter. Bei Lahnstein mit Burg Lahneck fuhren wir über die Lahn weiter nach Süden bis Braubach. Dort stellten wir unsere Räder in einen Hinterhof und stiegen hinauf zur Marksburg. Es ist die älteste Burg am Rhein. Die ältesten Teile sind aus dem 13. Jahrhundert. Wir konnten noch viele Kanonen und Rüstungen aus dem 16. Jahrhundert sehen. In der Folterkammer hat der Burgführer die Folterinstrumente ganz genau erklärt.

Von Boppard fuhren wir mit einem Rheinschiff nach St. Goar. Von der Flußmitte konnten wir rechts die Burg Rheinfels und links die Burgen Liebenstein und Sterrenberg sehen. Man nennt sie die feindlichen Brüder, weil sie immer wieder Krieg gegeneinander gemacht haben. Sie stehen sehr dicht beieinander. Zwischen ihnen steht aber eine dicke hohe Mauer. Weiter südlich kann man Burg Katz und Burg Maus sehen. Diesen Namen nach waren die Burgherren sicher auch nicht gerade die besten Freunde. Von St. Goar fuhren wir über Oberwesel nach Bacharach. Dort mußten wir wieder unsere Räder zur Burg Stahleck hochschieben, denn in der Burg ist eine sehr schöne Jugendherberge. Der Blick hinunter auf den Rhein bei Nacht ist wunderschön. Fahrt doch auch mal an den Rhein, dort gibt es gute Radwege! Viel Spaß! Norbert (14)

P. 131, 2
P. 132, 3

1. In welcher Reihenfolge haben Norbert und Stephan die Orte a) bis f) gesehen?

Sehen Sie sich die sechs Orte gut an.
Dann folgen Sie noch einmal dem Weg der
beiden Radfahrer auf der Karte.

1	2	3	4	5	6
b)					

a)

d)

b)

e)

c)

f)

2. Wie heißen die Orte?

a) _____ d) _____

b) _____ e) _____

c) _____ f) _____

Sonderbus nach »Drüben«

Mit aufgeblendeten Scheinwerfern nimmt unser Bus die letzte Kurve, am Ende der Straße das leuchtend gelbe Schulhaus, davor eine dunkle Menschengruppe, offenbar die wartenden Eltern. Der Bus hält: Fernseh- und Rundfunkleute stürzen sich mit Kamera und Mikrofon auf die Schüler, die aus dem Bus steigen. Erste Eindrücke sprudeln nur so hervor: »Alle Erwartungen sind übertroffen worden!« »Wir hätten ruhig noch länger bleiben können!« »Einfach super, diese Fahrt!«

Erst ein Brief der 28 Oberstufenschülerinnen und -schüler des Nord-Berliner Gabriele-von-Bülow-Gymnasiums an den Staatsratsvorsitzenden der DDR Erich Honecker hatte den Weg freigemacht für diese erste Mehrtagesfahrt einer Westberliner Schülergruppe in die DDR. Am 4. Juni 1984 startete unser Sonderbus nach »drüben«. Ungläubiges Staunen bei den Grenzbeamten diesseits und jenseits der Mauer am Übergang Heiligensee/Stolpe im Berliner Norden. Nein, eine Westberliner Schülergruppe habe man hier noch nicht durchfahren lassen, sagten die DDR-Kontrolleure. Zuerst waren sie unsicher, aber das Empfehlungsschreiben vom Staatsrat wirkte Wunder: die Tore öffneten sich, Personen und Gepäck wurden unkontrolliert durchgelassen. Der Chef des DDR-Kontrollpunktes bat nur darum, daß er von dem Empfehlungsschreiben eine Kopie machen dürfe – zur Erinnerung, sozusagen.

Kurz hinter der Grenze stieg Harald, unser »Jugendtourist«-Reiseleiter, zu uns in den Bus. Er bot uns spontan das »Du« an. Dann rollten wir durch die Republik auf der F 96 nach Norden. Die Schüler sprachen miteinander über ihre Vorstellungen, Erwartungen, möglichen Erlebnisse. Nach der Fahrt haben sie dann einige ihrer Eindrücke aufgeschrieben. Carola (17) beginnt ihren Bericht so: »Vor unserer Fahrt in die DDR hatte ich mir nicht vorgestellt, daß wir so viel erleben würden. Wir hatten uns ja intensiv auf die Reise vorbereitet, und deshalb fühlte ich mich schon vorher gut informiert; daß aber noch so viel neue Erfahrungen dazukommen würden, hätte ich nicht gedacht.« Also, lassen wir diese Erfahrungen für sich sprechen!

Häuser sahen allerdings oft ziemlich angegriffen aus. Das einzige, das kaum zu übersehen war, waren die häufigen Plakate, die ganz plötzlich hinter Fenstern oder an einer Straßenecke auftauchten, wie: ›Unter dem Banner des Marxismus-Leninismus zum Sozialismus...!‹«

Neubrandenburg

Iris (17): »Ich weiß heute noch nicht, warum ich so erstaunt war, daß die Jugendlichen genauso waren wie wir. Sobald sie ihr Blauhemd ausziehen, unterscheidet sie nichts von uns. Sie haben die gleichen Wünsche wie wir, möchten gerne ein Motorrad haben und feiern gerne Feten. Und – sie wollen schrecklich gerne in die Bundesrepublik fahren, um Kontakte zu schließen, nicht unbedingt, um da zu bleiben. Vor allem über Schule wollten sie viel wissen und waren schier begeistert über das Oberstufensystem unserer Gymnasien. Sie selber haben gar keine Möglichkeit, ihre Fächer zu wählen.«

Erlebnis Landschaft

Birgit (17): »Es war richtig herrlich, die Alleen entlangzufahren. Rechts und links der Straße lagen oft Mohn- und Schlüsselblumenfelder. Ganz lich ist, sich der Natur ›anzupassen‹. Auch bei unserer ersten Rast in Carwitz bestätigte sich nur mein anfänglicher Eindruck, daß hier die Natur noch ›unberührt‹ war. (Vielleicht lag es auch daran, daß wir aus der

Besuch des Fallada-Hauses in Carwitz: Nicht gesucht, aber auf einem Umweg in der Feldberger Schweiz gefunden

abgesehen von vielen kleinen Seen, Teichen und Flüssen. Die kleinen Häuser gliederten sich so richtig in das Bild ein, jedenfalls soweit es für Häuser möglich Großstadt kamen!?). In den kleinen Städten war es ausgesprochen sauber, und man fand keine Häuserwände mit Werbeplakaten beklebt. Die

An der Ostseeküste

Birgit (17): »Rostock zeigte schon ein wenig mehr ›Großstadtflair‹ als Neubrandenburg. Das Zentrum bildete eine zur Fußgängerzone ernannte Einkaufsstraße, wo sich verschiedene Geschäfte befanden. Weiter gab es dort auch viele Cafés. Bei schönem Wetter war hier bestimmt ein allgemeiner Treffpunkt. Der Bummel durch das Kaufhaus ›Centrum‹ zeigte die große Preisdifferenz zwischen

Luxusgütern und Lebensmitteln. (›Walkman‹: 990 Mark). Sonst gab es viele Buchläden, in denen man allerhand Auswahl hatte, auch wenn die hauptsächlichen Autoren meist aus sozialistischen Ländern stammten.«

Carola (17): »An der Ostsee war es echt schön. Abends haben wir noch eine Küstenwanderung gemacht. In der Nähe des Ufers schwammen friedlich zwei Schwäne; die Ironie jedoch lag darin, daß man gleichzeitig am Horizont ein Küstenwachtschiff sehen konnte, das einem DDR-Bürger jeden Ansatz von einem Freiheitsgefühl gleich wieder zerstört hätte.«

P. 132, 4

Kontakte, Kontakte...

Iris (17): »An ein Gespräch denke ich noch gerne zurück,

und zwar ging es da um des DDR-Bürgers liebstes Kind, den ›Trabbi‹. Beide kritisierten wir an dem Preßpappemodell herum, aber auf so komische Weise, daß wir vor Lachen Tränen in

Das durch das Treffen von Helmut Schmidt und Erich Honecker hier bekannt gewordene Rathaus in Güstrow

den Augen hatten. Man merkte, daß er seinen ›Trabbi‹ doch liebte, auch wenn er im Herbst vor Nässe stehenbleibt und im Sommer wegen des trockenen Motors.«

Matthias (18): »Ein Junge zeigte große Enttäuschung da-

rüber, daß ich nicht Break-Dance konnte. Dieses Bild der westlichen Jugend als ›computerspielende Breakdancer‹ tauchte oft auch bei anderen Begegnungen auf.«

Fazit:

Annette (17): »Diese Reise war, glaube ich, die schönste und beeindruckendste Fahrt, die ich je gemacht habe. Es ist eben doch etwas Besonderes, unsere Nachbarn jenseits der Mauer zu besuchen.«

1. Welche Zusammenfassung paßt zum Text?

a) Die Landschaft ist das schönste in der DDR. Die Leute waren auch ganz nett, aber viel zu neugierig. Sie wollten alles von uns wissen. Trotzdem war diese Reise sehr schön.

b) In der DDR gibt es noch sehr viel Natur. Es war sehr interessant, mit den Leuten dort zu sprechen. Wir haben viel gelernt und auch viele Auskünfte gegeben.

c) In der DDR gibt es viele Seen, aber nur wenige Häuser. Die Deutschen in der DDR haben die gleichen Wünsche wie wir, und sie möchten gern in die Bundesrepublik ziehen.

d) Die DDR ist besonders sauber, aber die Häuser sind zum Teil ziemlich alt. Die Jugendlichen sind sehr kontaktfreudig. In den Kaufhäusern und Geschäften ist alles sehr teuer.

2. Was hat die Schüler in der DDR überrascht?

Was war so, wie sie es erwartet hatten?

3. Hat dieser Text Ihre Vorstellungen über die DDR verändert?

Was ist so, wie Sie es erwartet hätten? Was war ganz neu für Sie? Was wäre für Sie der wichtigste Grund, einmal in die DDR zu fahren?

Leipziger Messe	Weimar	...
Kultur	Preise	Natur

4. Ihre Grammatik. Ergänzen Sie.

	Perfekt	Präteritum	Plusquamperfekt
Ich	habe die Reise vorbe-reitet.	bereitete die Reise vor.	hatte die Reise vorbe-reitet.
Du			
Er/Sie Man			
Wir			
Ihr			
Sie			

5. Präteritum oder Plusquamperfekt? Was paßt? Einige Lücken müssen leer bleiben.

Am 4. Juni *(starten)* ___startete___ der Sonderbus in die DDR _____. Vor der Fahrt
① *(sammeln)* _____ die Schüler viele Informationen über den zweiten deutschen
Staat _____. Im Unterricht ② *(diskutieren)* _____ sie vorher über die politische
Situation zwischen der DDR und der Bundesrepublik _____, und der Lehrer ③ *(vor-bereiten)* _____ die Reise gut _____. Jetzt am Grenzübergang ④ *(sein)*
_____ die Schüler trotzdem sehr nervös _____. Die DDR-Grenzbeamten
⑤ *(steigen)* _____ zwar in den Bus _____, aber sie ⑥ *(kontrollieren)*
_____ weder die Personen noch das Gepäck _____. Warum? Die Schüler
⑦ *(schreiben)* _____ vor der Reise einen Brief an den DDR-Staatsratsvorsitzenden
Honecker _____ und ⑧ *(fragen)* _____ _____, ob sie eine Klassenfahrt in
die DDR machen dürften. Als Antwort ⑨ *(bekommen)* _____ sie ein Empfehlungsschreiben _____, das ihnen jetzt die Grenze ohne Probleme ⑩ *(öffnen)* _____
_____. Vor der Abfahrt ⑪ *(erwarten)* _____ die Schüler nicht _____, daß
sie ohne lange Wartezeit und ohne große Kontrollen einreisen könnten. Jetzt, fünf Kilometer
nach der Grenze ⑫ *(sein)* _____ sie nicht mehr nervös _____, und alle ⑬ *(sich
freuen)* _____, die DDR genauer kennenzulernen. Sie ⑭ *(besuchen)*
_____ nicht nur die touristischen Sehenswürdigkeiten _____, sondern ⑮ *(treffen)* _____ sich auch mit Jugendlichen aus der DDR _____ und ⑯ *(sein)*
_____ Gäste in verschiedenen Industriebetrieben _____. Diese Termine ⑰ *(vorbereiten)* _____ das DDR-Reisebüro ‚Jugendtourist' schon vor der Reise _____.
Die Schüler ⑱ *(lernen)* _____ viel Neues über die DDR _____, obwohl sie sich
vorher schon sehr genau über das Land dort ⑲ *(informieren)* _____ _____.
Zurück in der Bundesrepublik ⑳ *(aufschreiben)* _____ sie diese neuen Erfahrungen
_____. In der Schule ㉑ *(diskutieren)* _____ sie dann über ihr neues Bild von der
DDR _____ und ㉒ *(vergleichen)* _____ es mit ihren alten Vorstellungen
_____.

B2

6. Was paßt zusammen?

A	Warum schiebt ihr denn die Räder?	1	Weißt du das nicht? Du hast wohl gar keine Vorstellung von unserer Fahrtroute.
B	Warum winken die Leute denn?	2	Sei nicht so faul!
C	Vor dieser Kurve mußt du stark bremsen!	3	Der Weg ist zu steil zum Fahren.
D	Wohin kommen wir, wenn wir dem Fluß folgen?	4	Ich glaube, sie wollen uns begrüßen.
E	Hast du heute nacht auch gefroren?	5	Ganz furchtbar! Das nächste Mal gehen wir in ein Hotel oder Gasthaus!
F	Bevor wir zur Burg hinaufsteigen, möchte ich in eine Wirtschaft gehen, etwas trinken und mich ausruhen!	6	Warum das denn? Bist du da schon mal gestürzt?

7. ‚Viel' hat verschiedene Bedeutungen.

A. Die Leute in der DDR sind mit *vielem* (wenigem, manchem, einigem, allem) nicht einverstanden, aber trotzdem wollen *viele* (wenige, manche, einige, alle) nicht in der Bundesrepublik wohnen.
(*‚Viel' ist in diesen Sätzen ein Indefinitpronomen, das eine unbestimmte, größere Menge bedeutet. Seine Form ist veränderbar: ‚Vieles/vielem' für Sachen und ‚viele/vielen' für Personen. Genauso verwendet man die anderen Indefinitpronomen ‚wenige(s)', ‚manche(s)', ‚einige(s)', und ‚alle(s)'.*)

B. Die Schüler sind in den Städten der DDR *viel* (wenig) spazierengegangen.
(*Hier ist ‚viel' ein Adverb. Es bedeutet, daß die Handlung, die das Verb ausdrückt, sehr häufig geschieht, lange dauert oder besonders intensiv ist. ‚Wenig' bedeutet das Gegenteil.*)

C. In der DDR gibt es noch *viel* (nur wenig) gesunde Natur.
In der DDR gibt es in *vielen* (manchen, einigen, wenigen, allen) Seen eine Menge Fische.
(*‚Viel' ist in diesen Sätzen Artikelwort. Es ist, wie auch ‚wenig', entweder unveränderbar (für nicht zählbare Sachen) oder, wie auch ‚manche', ‚einige', ‚wenige' und ‚alle', veränderbar (für zählbare Dinge oder für Personen).*)

D. Die Leute waren *viel* zu neugierig.
Nach der Reise waren die Schüler *viel* besser über die DDR informiert als vorher.
(*Hier ist ‚viel' ein Adverb und steht vor ‚zu + Adjektiv' oder einem Komparativ. Es verstärkt diese Formen des Adjektivs.*)

Welche Bedeutung hat ‚viel' in den folgenden Sätzen?

1. Vor unserer Fahrt in die DDR habe ich mir nicht vorgestellt, daß *vieles* in den Dörfern noch so wie vor zwanzig Jahren ist.
2. In der DDR gibt es *viele* interessante Buchläden.
3. Die Leute waren *viel* netter, als wir geglaubt hatten.
4. Auf der Autobahn gibt es während der Urlaubszeit *viel* Verkehr.
5. Herr und Frau Gebhardt sind heute *viel* gefahren und sind deshalb sehr müde.
6. Die Leute in der DDR möchten *viel* lieber ein modernes Auto, aber trotzdem lieben sie ihren kleinen ‚Trabbi' mit der Technik von vorgestern.
7. Die Schüler haben nach der Fahrt über *vieles* diskutiert, was sie in der DDR erlebt haben.
8. Die Schüler haben nach der Fahrt *viel* diskutiert.
9. Die Schüler hätten noch *vieles* fragen wollen, aber die Zeit war zu kurz.
10. Alle sind der Meinung, daß sie in der DDR sehr *viel* gesehen und gelernt haben.
11. Die Einreise war *viel* einfacher als die Schüler gedacht hatten.

1. Wie sieht Ihre Traumreise aus?

Wenn Geld keine Rolle spielen würde:
Wohin würden Sie fahren?
Wo würden Sie da wohnen?
Was würden Sie am häufigsten tun?
Was würden Sie sicher nie tun?
Wie lange würden Sie bleiben?

2. Verkehrshinweise

Herr und Frau Gebhardt aus Flensburg sind mit dem Auto unterwegs nach Süden. Sie wollen ihren Urlaub an der italienischen Riviera, in San Remo, verbringen. In Karlsruhe haben sie bei Verwandten übernachtet. Zur Zeit sind sie auf der Autobahn A 5 Karlsruhe – Basel kurz vor Freiburg im Breisgau. Zur Urlaubszeit ist auf diesem Autobahnabschnitt immer besonders dichter Verkehr.

A. Hören Sie den Dialog.

B. Schauen Sie sich die Karte an. Welche Strecke will Herr Gebhardt fahren?

C. Hören Sie noch einmal die Verkehrshinweise. Welche Verkehrsbehinderungen bestehen an welchem Streckenabschnitt?

a) Grenzübergang Basel (D – CH)

b) A 81 zwischen Ausfahrt Oberndorf und Rottweil (D)

c) Grenzübergang Schaffhausen (D – CH)

d) San Bernardino-Tunnel (CH)

e) Grenzübergang Como (CH – I)

1. Es hat einen Unfall gegeben.
2. Ein Stau wird gemeldet.
3. Die Strecke ist gesperrt.
4. Die Autofahrer müssen die Autobahn verlassen.
5. Die Wartezeit bei der Einreise in die Schweiz beträgt mindestens eine Stunde.
6. Die Wartezeit bei der Ausreise beträgt bis zu zwei Stunden.
7. Es gibt eine Umleitung.

D. Herr Gebhardt will jetzt eine andere Strecke fahren. Überlegen Sie zusammen mit Ihrem Nachbarn: Welche Strecken kommen für ihn in Frage? Welche Strecken lohnen sich überhaupt? Wo ist der Umweg zu groß? Welche Verkehrshinweise sind dann für ihn wichtig?

Längere Urlaubszeiten und höhere Löhne haben die Bundesbürger zu "Weltmeistern" im Reisen gemacht. Die Zahl derjenigen, die im Urlaub ins Ausland reisen, ist im Vergleich zu anderen Ländern viel größer. Es wird damit gerechnet, daß mehr als die Hälfte aller Bundesbürger Urlaub außerhalb ihres Heimatortes machen. Und meist fahren sie mit dem eigenen Auto dorthin. Urlaubsreisen und das Auto sind für die Westdeutschen von größter Bedeutung. Allein für Auslandsreisen geben sie jährlich mehr als 20 Milliarden Mark aus. Untersuchungen zeigen, daß sich die Bundesbürger am Urlaubsort nur erholen und ausschlafen wollen. Das gilt vor allem für die mittlere Generation der Berufstätigen. Die Mehrheit der jungen Leute dagegen sucht im Urlaub Kontakt zu anderen. Sie ziehen das Bade- und Strandleben vor oder den abendlichen Bummel. Aber nicht alle Bundesbürger können verreisen, trotz Urlaub und höherem Einkommen. Die Zahl derjenigen, die wegen der Wirtschaftskrise im Urlaub zu Hause bleiben, nimmt zu; und auch viele kinderreiche Familien, alleinstehende Mütter, in der Landwirtschaft Beschäftigte und arme Leute haben meistens keine Möglichkeit, wegzufahren.

○ Was machst du denn dieses Jahr im Urlaub?
□ Ich bleibe ausnahmsweise zu Hause.
○ Wirst du dich da nicht langweilen?
□ Aber nein. Angenehme Beschäftigungen gibt es auch zu Hause jede Menge. Für eine teure Urlaubsreise habe ich außerdem kein Geld.
○ Das ist natürlich ein Grund. Aber was wirst du denn den ganzen Tag machen?
□ Ich werde lesen, schwimmen gehen ...

○ Hast du schon Pläne für den Urlaub?
□ Oh ja, ich werde eine Schiffsreise machen. Meinen Platz habe ich schon gebucht.
○ Toll! Aber hör mal, ist das nicht teuer?
□ Na ja, es gab da ein Sonderangebot vom Reisebüro. Willst du nicht mitkommen? Es sind sicher noch Plätze frei.
○ Nein danke. Schiffsreisen sind nichts für mich. Dabei werde ich immer seekrank. Außerdem habe ich meinen Urlaub auch schon gebucht. Ich werde ...

P. 133, 5
P. 134, 6

mit dem Rad den Rhein entlangfahren   meine Angehörigen in der DDR besuchen
mich auf eine Prüfung vorbereiten   mich operieren lassen   mein Zimmer tapezieren
jeden Tag laufen   einen Tanzkurs machen, um die modernsten Tänze zu lernen
mir die Schlösser an der Loire ansehen   eine Abenteuerreise durch die Sahara machen
Fahrstunden nehmen und die Führerscheinprüfung machen   seltene Vögel beobachten
in den Alpen klettern   Urlaub im Zelt machen   Urlaub auf dem Bauernhof verbringen
im Harz wandern und jeden Abend in einer anderen Unterkunft übernachten

Radfahren kann man auch zu Hause.

Das Schönste, was ich mir vorstellen kann, ist ein Bad im Meer.

Kultur strengt mich an.

Fremde Länder und ferne Kontinente finde ich aufregend.

Große Hitze hasse ich.

Campingplätze mag ich nicht. Zuviel Betrieb! Zu laut und schmutzig!

1. ‚Zeigen‘ hat verschiedene Bedeutungen.

A. In der Provinz bestimmen vor allem die Erwachsenen. Das *zeigt* besonders die Situation im Stadtjugendring. Von 17 Mitgliedern sind nur 4 unter dreißig.
(zeigen = beweisen)

B. Rostock *zeigte* schon ein wenig mehr Großstadtflair als Neubrandenburg.
Ein Junge *zeigte* große Enttäuschung darüber, daß ich nicht Break-Dance konnte.
(zeigen = eine Person oder Sache zeigt selbst den eigenen Zustand, man kann ihn sehen)

C. Ich kann das Fahrrad nicht allein reparieren. Kannst du mir *zeigen*, wie man das macht?
(zeigen = etwas machen und dabei erklären)

D. Während der Führung im Schloß wurden uns alle Räume gezeigt.
(zeigen = auf etwas hinweisen, was man sonst nicht sehen, erkennen oder finden würde)

Welche Bedeutung hat ‚zeigen‘ in den folgenden Sätzen?

1. Ein Autofahrer *zeigte* den Jungen den richtigen Weg. □
2. Die Schüler waren mit der Reise sehr zufrieden. Das *zeigten* ihre Berichte, die sie später geschrieben hatten. □
3. Der Fotograf *zeigte* den Leuten, wie man richtig fotografiert. □
4. Sein Gesicht *zeigte* deutlich, daß es ihm nicht gut ging. □
5. Die Untersuchung *zeigte*, daß wir immer mehr Geld für unsere Freizeit ausgeben. □
6. Die Schüler *zeigten* deutlich, daß sie mit der Reise in die DDR zufrieden waren. □

2. Ihre Grammatik. Ergänzen Sie.

	Präsens	Futur I
Ich	bleibe zu Hause.	werde zu Hause bleiben.
Du		
Er/Sie/Man		
Wir		
Ihr		
Sie		

3. Das Futur hat drei wichtige Funktionen.

A. Ich *werde* wohl im Urlaub zu Hause *bleiben*.
(= Es passiert vielleicht/wahrscheinlich in der Zukunft.)

B. Ich *werde* mich im Urlaub auf die Prüfung *vorbereiten*.
(= Es passiert ganz bestimmt in der Zukunft.)

C. Ich weiß nicht genau, wo er im Moment ist, aber er *wird* wohl im Keller *arbeiten*.
(= Es passiert wahrscheinlich in der Gegenwart.)

Welche Funktion hat das Futur I in den folgenden Sätzen?

1. Ich *werde* ins Krankenhaus *gehen* und mich *operieren lassen*. Ich habe schon einen Termin.
2. Gerd ist ganz rot im Gesicht. Er *wird* Fieber *haben*.
3. Vom 1. 6. bis 14. 6. *werden* wir unsere Verwandten in der DDR *besuchen*.
4. Wir *werden* Campingurlaub in Italien *machen*. Den Campingplatz haben wir schon gebucht.

5. Den Urlaub *werde* ich mit meiner Freundin *verbringen*. Das ist klar, aber wohin wir fahren, das wissen wir noch nicht.

6. Wir brauchen Ruhe, um uns zu erholen. Ich denke, wir *werden* nach Schweden *fahren*.

7. Ich weiß noch nicht genau, aber ich *werde* wohl wieder an die Nordsee *fahren*.

8. Ich muß schnell nach Hause gehen. Meine Frau *wird* sich bestimmt schon *Sorgen machen*.

9. Geh du bitte ans Telefon. Der Anruf *wird* für dich *sein*.

10. Ich *werde* in die Alpen *fahren* oder nach Nord-Italien. Mal sehen.

4. Ergänzen Sie die Dialoge. Beachten Sie: Manchmal steht die Ergänzung am Satzanfang und manchmal nicht. Können Sie den Grund dafür erkennen?

große Hitze stört mich nicht	Ich mag keine Campingplätze
ich mag keine große Hitze	Radfahren kann man doch immer
Ich mache keinen Urlaub	genaue Pläne habe ich noch nicht
Ich habe noch keine genauen Pläne	Fremde Länder und Kontinente finde
Campingplätze mag ich nicht	ich aufregend

a) ○ Was machst du denn dieses Jahr im Urlaub?
  □ Ich mache eine Radtour den Rhein entlang.
  ○ Das ist doch langweilig. _____.

b ○ Was planst du für den Urlaub?
  □ Ich werde wohl wieder in die Türkei fahren, doch _____.
  ○ Ist es dort nicht zu heiß?
  □ Sicher, aber _____.

c) ○ Wir haben dieses Jahr eine Urlaubsreise nach Skandinavien gebucht.
  □ Warum das denn? In Skandinavien werdet ihr doch gar nicht braun.
  ○ Vielleicht, aber _____. In Skandinavien ist das Klima sehr angenehm. Es ist nicht zu warm, und man kann sich gut erholen.

d) ○ Fahrt ihr dieses Jahr wieder nach Spanien?
  □ Ja, aber diesmal machen wir Urlaub im Zelt.
  ○ Findest du das gut?
  □ Eigentlich nicht. _____

e) ○ Ich mache dieses Jahr wieder Campingurlaub in Spanien. Willst du nicht mitkommen? Unser Campingplatz liegt direkt am Meer.
  □ Nein, _____, das weißt du doch. Ich mache lieber Urlaub in einem bequemen Hotel.

f) ○ Wohin fährst du dieses Jahr?
  □ Nach Indien oder Pakistan.
  ○ Ist das nicht gefährlich?
  □ Ich glaube nicht. _____, aber nicht gefährlich.

g) ○ Im Sommer fahre ich nach Dänemark. Und du?
  □ _____, ich bleibe zu Hause.

h) ○ Ich verbringe dieses Jahr meinen Urlaub auf einem Bauernhof. Und was machst du?
  □ _____

Spiel: Städte im deutschen Sprachraum

Zwei Spieler oder zwei Gruppen, A und B, spielen gegeneinander.

A wählt eine der 18 eingezeichneten Städte und gibt das passende Kärtchen an.

B muß nun aus den Städten, die mit der ersten Stadt durch eine Linie verbunden sind, eine neue Stadt auswählen und zu dieser zweiten Stadt auch das passende Kärtchen angeben.

A macht von dieser Stadt aus weiter.

Jede richtige Zuordnung zählt einen Punkt.

Jede falsche Zuordnung zählt einen Punkt für den Gegner.

Die 18 Städte sind:	
Basel	Karl-Marx-Stadt
Berlin	Köln
Bern	Leipzig
Dresden	Linz
Frankfurt	Magdeburg
Essen	München
Graz	Salzburg
Hamburg	Wien
Innsbruck	Zürich

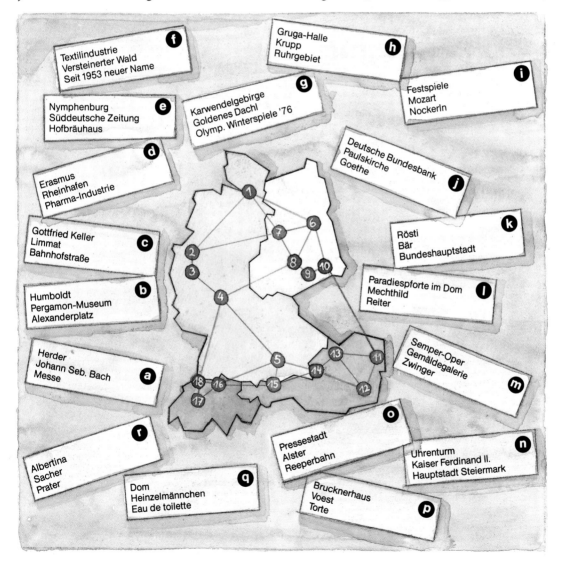

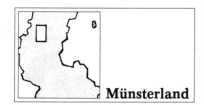

Münsterland

Schlittschuhlaufen vor alten Schlössern

Eisiges Gleiten vor alten Mauern

Meistens ruhen die Wasserburgen des Münsterlandes geschützt und unnahbar in ihren dunkelgrünen Ringen von Wasser, den Gräften, wie man hierzulande sagt. Nur im Winter, im klirrenden Frost, frieren diese Wassergräben zu und geben den Weg frei, sich den alten Mauern auf winterliche Weise zu nähern: auf Schlittschuhen. Natürlich ist das Eis auf den Gräften nicht so gut, daß man beim Schlittschuhlaufen ins Träumen geraten kann. Es ist huckelig und buckelig, eingefrorene Holzstückchen oder Wasserpflanzen und herabgefallene Äste stoppen die Fahrt und lassen den Läufer aufs Eis stürzen. Doch es gibt auch Abschnitte, wo das Wasser glattgefroren und mit Schnee dünn überpudert ist. Und manchmal hört man ein Knacken unter den Kufen der Schlittschuhe: beschwert sich die Eisjungfrau da unten, weil wir sie in ihrem Winterschlaf gestört haben?

Auf der doppelten Gräfte von Schloß Westerwinkel im südlichen Münsterland scheint das Eis meterdick zu sein. Unter einer Steinbrücke hindurch bin ich bis zur inneren Gräfte vorgedrungen. Glatt wie ein Spiegel glänzt das Eis in der Morgensonne des klaren Wintertages. Bei den Ecktürmen mit ihren grauen Schieferdächern wage ich ein paar Drehungen, bei denen nur die Pfauen zusehen können, die ihre langen, bunten Schwänze von dem zierlichen Balkon hinabhängen lassen. Sie wohnen also den Winter über im Schloß. Und: Sie sollten nicht gestört werden, ruft plötzlich eine Stimme von oben, nicht unhöflich. Aus einem der Fenster mit schwarzweißen Holzläden schaut ein Herr mit Samtmütze. Ist es der Schloßherr persönlich? Ich entschuldige mich für die Störung und füge hinzu, daß mein Morgenlauf ohnehin beendet sei.

Wenige Autominuten von Westerwinkel entfernt liegt Burg Vischering. Hier störe ich niemanden. In der malerischen Burg, die seit sieben Jahrhunderten den Grafen Droste zu Vischering gehört, befindet sich heute ein Museum. Auf dem Schloßteich haben die Schlittschuhläufer am Wochenende ein großes Stück Eis freigewischt und dort ihre Kreise gezogen. Ich fahre eine Acht und beginne dann mit der Untersuchung des großen Systems von Gräften und Teichen, die die Natur um die Burg angelegt hat. Nach einigen Stürzen kehre ich zur Burg zurück: Siebenhundert Jahre alte Mauern, uralte Steine bilden das Fundament; weiter oben sind die Mauern verputzt, nur der Renaissance-Vorbau im Süden ist mit roten Klinkersteinen verkleidet.

Schloß Nordkirchen wurde zu Beginn des 18. Jahrhunderts auf den Grundmauern einer älteren Wasserburganlage gebaut. Die Stimmung hier ist heiter, es wimmelt von Fußgängern, Schlittschuhläufern, Kindern mit Schlitten und herumtollenden Hunden. Eine breite Treppe aus Sandstein führt zum Wasser hinunter, vielmehr zum Eis; der Ort ist gerade recht, die Stiefel aus- und die Schlittschuhe anzuziehen. Ich umkreise zügig das große Schloß. Eine sportliche Mama auf Schlittschuhen schiebt einen Kinderwagen, Pärchen laufen gemeinsam über das Eis. Auf den Brücken stehen Fußgänger und beobachten die Läufer, die gebückt unter den niedrigen Brückenbogen hindurchsausen...

Brigitte Macher

1

1. Wer arbeitet wo?

im Gasthaus – in einer Klinik – in einem größeren Werk – an der frischen Luft – in der Klasse – in einem Laden – zu Hause – in der Kirche – bei anderen Leuten

2. Wer ist gerade mit einer dieser Tätigkeiten beschäftigt?

eine Anzeige schreiben – streichen – Gäste bedienen – unterrichten – messen – eine Spritze geben – malen – diktieren

3. Was meinen Sie?

Wer hat ein festes Gehalt?
Wer wird vom Staat bezahlt?

Wer verdient am meisten?
Wer arbeitet am längsten?
Wem macht die Arbeit Spaß? Wem nicht?
Wer steht am frühesten auf?
Wer muß sonntags arbeiten?
Wer hat eine geregelte Arbeitszeit?
Wer hatte die längste Ausbildung?
Wer kann sich bei seiner Arbeit hinsetzen?
Wer hat Konferenzen?
Wessen Arbeit ist kostenlos?
Wer braucht einen Schreibtisch?
Wer schwitzt häufiger?
Wer muß kräftig sein?
Wem gibt seine Arbeit Macht?
Wer muß häufiger Mißerfolge akzeptieren?
Wer muß eine gut lesbare Schrift haben?

Wer hat vielleicht die Meisterprüfung gemacht? *Schreiner*
Wer ist möglicherweise Doktor? *Krankenpflegerin*
Wem sind die Leute besonders dankbar? *Feuerwehrmann*
Wer bekommt Trinkgeld? *Serviererin*
Wer kriegt bei seiner Arbeit den größten Appetit? *Bauer*
Wer arbeitet manchmal unter Lebensgefahr? *Soldat*
Wer hat eventuell mit geheimen Informationen zu tun? *Sekretärin*
Wer hat mit Vieh zu tun? *BAUER*
Wer braucht keine besondere Ausbildung? *Hausfrau*
Wer hat Abitur? *Polizist*
Wer braucht einen Hochschulabschluß? *Pfarrer*
Wer braucht ein Diplom? *Rechtsanwalt*
Wer hat die meiste Freizeit? *Lehrerin*
Wer kann arbeiten, wann er will? *Kunstmalerin*
Wer muß manchmal nachts arbeiten? *Serviererin*
Über wen ärgern sich die Leute? *Seemann*
ein betrunkener

Polizist   Priester   Friseuse
Feuerwehrmann   Bauer
Maler   Soldat   Sekretärin
Pfarrer   Hausfrau   Matrose
Kunstmalerin
Lehrerin   Krankenpflegerin
Serviererin   Landwirt
Rechtsanwalt   Schreiner
Schlosser   Bäcker   Seemann

B1

2

Ferienjobs

wir suchen Arbeit

Ich, m, 26, gelernt. Schriftsetzer, Abi (Techn.), 2 Sem. Politik, schreibe recht passabel, versiert am Bau, Rockmusiker (Gitarre) suche Arbeitskollektiv o. ä., die so jemanden brauchen und für die es nicht nur die Arbeit gibt. Stefan, 78 46 28

Gymnasiast (16) sucht seriösen und lukrativen Job fürs Wochenende. Tel. 29 55 77 (Emmanuel)

Suche Job ab 6. Juli bis 31. August. Führerschein 3 vorhanden und Schreibmaschine, Angela, 7 23 16 75 abends

Student, 27, Alleskönner (fast), sucht für Juli Job evtl. in Café, Kneipe o. ä. oder auch Job als Fahrer, Führerschein vorhanden Chiffre 7292

28jähriger sucht Arbeit, jegliches und jederzeit. Tel. 29 35 23

Industriekaufmann, 23 J., sucht für Aug./Sept. möglichst interessanten Job; Tel. 5 80 10 08, gegen 8 Uhr

Verlagskfm. (21, w) mit Erfahrung su. Job in kl. Verlag. Tel. (0 8170) 527, Elisabeth

Suche Praktikanten- od. Ausbildungsstelle als Fotografin. Tel. (0 8170) 527, Elisabeth

Schülerin (18) sucht Job für die Sommerferien. Bevorzugt in einer Boutique oder ähnlichem. Eventuell auch Büro (Maschinenkenntnisse vorhanden). Meldungen nachmittags. Tel. 87 55 44 Claudia.

Wer hat für zwei Schülerinnen, leider erst 15, in den S'Ferien einen Job in Boutique, Shop oder so? Tel. Gabi 39 42 14.

wir bieten Arbeit an

Fähiger 16 mm-Amateur (oder Team) gesucht als Mithilfe bei der Verfilmung einer Bergsteigervision. Nötig: Eigene Ausrüstung, Sportsgeist und Freude an unserer Geschichte. Info: Tächl K. jun., Schmidhammerstr. 2, 8031 Maisach

Für unsere Kneipe in Neuhausen suchen wir ab Mitte Juli noch Leute für Küche und Bedienung. Tel. 4 31 29 82

Nebenjobs wie Sand am Meer. Gratisinfo von U. Greiner, Mendelssohnstr. 52, in 6700 Ludwigshafen.

Wir suchen ab sofort einen Drucker zweimal wöchentlich halbtags, der bereit ist, eine Gruppe an der Offset-Druckmaschine anzuleiten. Der Aufgabenbereich ist ausbaufähig. Chiffre 7291

1. Haben Sie schon einmal „gejobbt"?

Was haben Sie da gemacht?
Wie war Ihre Erfahrung?

Ich habe in einem Café serviert.

Ich war ...

2. Sie und Ihr Kursnachbar suchen einen Ferienjob

Überlegen Sie, welche Arbeit Sie zusammen machen können und möchten. Schreiben Sie dann eine Anzeige.

Ich mußte ...

Ich bin ganz schlecht bezahlt worden.

Ich ...

Als ich mich zu diesem Beruf entschloß, hatte ich kaum noch Illusionen, weil meine Mutter ein eigenes Büro hat und ich von klein an mit ins Geschäft gegangen bin. Der Traum, tolle Reisen für Kunden zusammenzustellen oder selbst Reiseangebote zu testen, wird selten wahr. Auch Routinearbeiten dürfen einen nicht erschrecken: Staubwischen, Prospekte einsortieren, Tickets ausschreiben...
Man sollte sich überlegen, ob man in einen Groß- oder Kleinbetrieb geht. Im kleinen Büro kommt man an alles ran, sogar an die Lottotheke, mal kommt man mit den Kunden zusammen, mal hockt man in der Buchungsabteilung. Langeweile kommt selten auf. Im großen Büro sieht das alles ganz anders aus: Man wird gezielt in einzelne Abteilungen gesteckt, sieht dann

Berufsbilder (25)

Eva Kaczmarek, Reisebürokaufmann:
Ich hab's noch nicht bereut

wochenlang nichts anderes. Das finde ich schon ziemlich nervtötend.
Auf jeden Fall würde ich jedem raten, an Praktika oder Lehrgängen teilzunehmen, auch wenn das mal ein bißchen Freizeit kostet, bei Abendlehrgängen zum Beispiel; man lernt nämlich doch so einiges dazu. Die Berufsschule fand ich ganz gut, wir haben dort eigentlich nur das gelernt, was wir in unserem Beruf auch wirklich

brauchen, z. B. Buchführung, Geographie usw.
Auch wenn ich hier einige Schattenseiten aufgezählt habe, so bin ich doch gerne in meinem Beruf. Ich arbeite nämlich in einem kleinen Büro, wo ich alle Aufgabenbereiche erledigen muß und ständig Kontakte zu Kunden habe.

3. Wie ist der Beruf?

Machen Sie eine Aufstellung.

a) Reisebürokaufmann
b) Sekretärin
c) Möbelschreiner
d) ...

	Kleinbetrieb	Großbetrieb
Vorteile		
Nachteile		

Berufsarbeit: damals und heute

Wie war es früher? Wie ist es heute?

Früher wurde die Buchhaltung handschriftlich und im Stehen gemacht. Heute ...
Konfektionskleider wurden von Hand genäht. Heute ...
Auch in der Schwerindustrie wurde vieles von Hand gemacht. Heute ...

P. 134, 1

So ist „Los geht's! 3" entstanden

1. Welcher Text gehört zu welchem Bild? Ordnen Sie.

3 a) An diesem Gerät sind bei der Firma Auer in Donauwörth zuerst mal die »Mengentexte« gesetzt worden, d.h. alles, was in der Grundschrift im Buch steht (in der auch dieser Text geschrieben ist).

1 e) Herr Lohfert und Herr Aufderstraße haben das Material für dieses Buch gesammelt und das Manuskript geschrieben. Aber bevor sie es fertig abgeben konnten, ist Herr Lohfert von seinem Arbeitgeber nach New York versetzt worden.

6 b) Das ist die Maschine, auf der »Los Geht's 3« gedruckt worden ist. Sie kann bis zu 6000 Papierbogen pro Stunde bedrucken. Ein Bogen enthält meistens 16 Buchseiten; bei »Los Geht's« sind es allerdings 32 Buchseiten.

4 f) Herr Schuster macht seine Zeichnungen genau in der Größe, die ihm von Herrn Faltermeier angegeben worden ist. Die Fotos müssen dagegen meistens vergrößert oder verkleinert werden. Oft wird auch nur ein Ausschnitt benutzt.

8 c) Das Lager im Verlag. Von hier aus ist Los Geht's 3 zu Ihnen gekommen: entweder über eine Buchhandlung oder über eine andere Verteilerorganisation. Oder sind Sie der Lehrer? Dann ist das Buch vielleicht direkt von hier an Sie geschickt worden.

7 g) In diesem Raum ist das Buch gebunden worden, das Sie gerade in der Hand halten. Es wird innen am Rücken mit Fäden zusammengehalten. Das ist zwar teurer als ein nur geklebtes Buch, aber dafür hält es auch länger.

2 d) Das Manuskript ist dann von Herrn Aufderstraße und dem Lektor, Herrn Bönzli, fertiggestellt worden. Die Fotos haben sie bei verschiedenen Verlagen gefunden, ein paar hat Herr Bönzli selber gemacht.

5 h) Wenn die Grundschrift gesetzt ist, macht Herr Faltermeier das Layout für jede einzelne Seite. Er hat zu entscheiden, wie die Texte und die entsprechenden Bilder auf der Seite stehen, und rechnet aus, wie groß die anderen Schriftarten und die Abbildungen sein dürfen, damit alles Platz hat und gut aussieht.

P. 135, 2

2. Überlegen Sie: Von wem sind wohl diese Tätigkeiten bei der Herstellung von „Los geht's!" übernommen worden?

Autoren – Lektor – Hersteller – Druckerei – Geschäftsleitung

Umfang des Buches nach Seiten bestimmen L
Zahl der Zeilen pro Seite bestimmen D
Änderungen im Manuskript festlegen A
bestimmen, wann das Buch erscheinen soll G
Kopien auf Fehler hin durchsehen D

Linien und Kästen zeichnen D
die Autoren beraten — L
vorläufige Kopien herstellen — H
den endgültigen Preis bestimmen — G
...

3. Schreiben Sie einen kleinen Bericht: „Wie ein Buch entsteht".

Ein wahrer Umbruch ist nach einer Untersuchung des Rheinisch-Westfälischen Instituts für Wirtschaftsforschung in den letzten zwanzig Jahren in vielen Berufen eingetreten. Viele Produktionsberufe wie beispielsweise Metallarbeiter, Schneider, Maurer oder Bergleute haben an Gewicht verloren. Gewinner der beruflichen Umschichtung waren vor allem Büro- und Dienstleistungsberufe, Techniker und Ingenieure sowie der staatliche Bereich mit Lehrern, Krankenschwestern, Kindergärtnerinnen, Sozialhelfern, Polizisten und Soldaten. Gleichzeitig besteht ein größerer Bedarf an Arbeitskräften, die schnell angelernt, notfalls aber auch schnell wieder entlassen werden. Die Zahl der »Hilfsarbeiter« hat sich seit 1960 fast vervierfacht.

4. Wie wurde es früher gemacht?

Heute
Heute macht man Kopien von Briefen
mit Fotokopierern.

Früher
Früher sind Briefe mit der Hand
geschrieben worden.
Früher wurden Briefe mit der Hand
geschrieben.

Ebenso:

a) Heute setzt man Texte mit einem Computer. (früher: mit der Hand setzen)
b) Heute heizt man meistens mit Öl oder Gas. (früher: mit Holz oder Kohle heizen)
c) Heute baut man die Häuser aus Beton und Stein. (früher: aus Holz bauen)
d) Heute arbeitet man mit Maschinen. (früher: ohne Maschinen arbeiten)
e) Heute wird weniger gearbeitet und mehr produziert als früher. (früher: mehr arbeiten und weniger produzieren)
f) Heute diktiert man Geschäftsbriefe auf Kassettengeräte. (früher: Briefe der Sekretärin direkt diktiert.)

Ihre Grammatik. Ergänzen Sie.

	Präsens Passiv	Perfekt Passiv	Präteritum Passiv
Ich	werde kritisiert	bin...	
Du			
Er/sie/ man			
Wir			
Ihr			
Sie			

5. Präteritum Passiv. Ergänzen Sie.

So ist „Los geht's! 3" entstanden.
Natürlich ① (schreiben) ~~ist~~ wurde das Manuskript nicht ohne Vorbereitung geschrieben.
Zuerst ② (entwickeln) wurde das endgültige Konzept für „Los geht's! 3" entwickelt.
Von den Autoren ③ (sammeln) wurden gleichzeitig Texte und Materialien gesammelt.
Im Verlag ④ (besprechen) wurde inzwischen die Planung besprochen, und die Kosten
⑤ (ausrechnen) ausgerechnet. Außerdem ⑥ (abschließen) wurden mit den
Autoren die Verträge abgeschlossen. Erst viel später begann die eigentliche Arbeit am Manuskript: Zuerst ⑦ (aussuchen) wurden die endgültigen Texte ausgesucht, und dann
⑧ (verteilen) wurde die Grammatik und der Wortschatz für die einzelnen Lektionen
verteilt. Danach ⑨ (schreiben) wurde dann das Manuskript geschrieben. Nachdem es fertig war, ⑩ (setzen) wurden die Texte gesetzt und die Fotos (besorgen) besorgt. Von Herrn Faltermeier ⑪ (machen) wurde dann das Layout
gemacht, und von Herrn Schuster ⑫ (zeichnen) wurden die Zeichnungen
gezeichnet. Schließlich ⑬ (herstellen) wurden die Druckfilme hergestellt. Kurz
danach ⑭ (drucken) wurde das Buch gedruckt und (binden) gebunden. Zum
Schluß ⑮ (bringen) wurden die fertigen Bücher in das Lager des Verlags gebracht.

6. ‚Haben + zu + Infinitiv'.

Herr Faltermeier *hat zu entscheiden*, wie die Texte und Bilder auf der Seite stehen.
Es paßt mir nicht, den Abwasch sofort zu erledigen, wenn ich Wichtigeres *zu tun habe*.
(*‚haben + zu + Infinitiv' = müssen*)

Sagen Sie es anders. Bilden Sie Sätze mit ‚haben + zu + Infinitiv'.
a) Eva muß abends das Geld zur Bank bringen.
b) Der Fabrikdirektor meint: Ein Arbeiter muß genauso funktionieren wie eine Maschine.
c) Der Meister muß die Qualität der Produkte ständig kontrollieren.
d) Die Arbeiter müssen am Eingang zur Fabrik ihre Betriebsausweise zeigen.

7. Was können Sie auch sagen?

a) *Bei einem Ferienjob kommt es mir nur auf das Geld an.*
  Ⓐ Ich bekomme bald einen guten Ferienjob.
  Ⓑ Bei einem Ferienjob ist für mich die Bezahlung das wichtigste.
  Ⓒ Ich nehme jeden Ferienjob.

b) *Wenn das neue Produkt keinen Erfolg hat, müssen 200 Arbeiter gehen.*
  Ⓐ Wenn das neue Produkt keinen Gewinn bringt, wird 200 Arbeitern gekündigt.
  Ⓑ Wenn das neue Produkt ein Mißerfolg wird, werden 200 Arbeiter entlassen.
  Ⓒ Wenn das neue Produkt schlecht ist, müssen 200 Arbeiter laufen.

c) *Was stellt diese Maschine her?*
  Ⓐ Wohin kann man diese Maschine stellen?
  Ⓑ Was steht auf dieser Maschine?
  Ⓒ Was produziert diese Maschine?

d) *Ein Bauer hat keine geregelte Arbeitszeit.*
  Ⓐ Ein Bauer arbeitet nicht jeden Tag die gleiche Stundenzahl.
  Ⓑ Ein Bauer hat viel Zeit und wenig Arbeit.
  Ⓒ In der Regel hat ein Bauer keine Zeit.

e) *Die Maschine muß täglich gereinigt werden, sonst hält sie nicht lange.*
  Ⓐ ..., sonst geht sie bald kaputt.
  Ⓑ ..., dann sieht sie besser aus.
  Ⓒ ..., damit sie immer sauber ist.

f) *Bitte halten Sie mein Kind für einen Moment!*
  Ⓐ Bitte helfen Sie meinem Kind!
  Ⓑ Bitte nehmen Sie mein Kind kurz auf den Arm.
  Ⓒ Bitte spielen Sie ein bißchen mit meinem Kind.

g) *Die Gewerkschaft konnte die Entlassungen nicht verhindern.*
  Ⓐ Die Gewerkschaft konnte nichts gegen die Entlassungen tun.
  Ⓑ Die Gewerkschaft hat niemanden entlassen.
  Ⓒ Die Gewerkschaft hatte mit den Entlassungen nichts zu tun.

h) *Mein Vater hat mir zum Bäckerberuf geraten.*
  Ⓐ Mein Vater hat mir den Rat gegeben, Bäcker zu werden.
  Ⓑ Mein Vater zwingt mich, Bäcker zu werden.
  Ⓒ Mein Vater möchte, daß ich zum Bäcker gehe.

> **Eigentum verpflichtet. Sein Gebrauch soll zugleich dem Wohle der Allgemeinheit dienen.**
> *Grundgesetz für die Bundesrepublik Deutschland Artikel 14, Absatz 2*

»...Der Mensch steht keinesfalls etwa – wie Neoromantiker der Sozialpolitik es so gern sähen – im Mittelpunkt des Betriebes. Dort steht etwas ganz anderes. Dort steht die Produktion, der sachliche, der wirtschaftliche Erfolg. Denn um ihretwillen ist der Betrieb da. Sein alleiniger Zweck ist die Produktion von Gütern, von Waren, die andere brauchen. Alle seine Mittel sind darauf ausgerichtet, dieses Ziel bestmöglich zu erreichen, das heißt so billig wie möglich und so gut wie möglich so viel Güter zu produzieren und abzusetzen wie möglich. Damit dies erreicht wird, muß der Betrieb funktionieren, muß jeder seiner Teile funktionieren, müssen alle seine technischen und organisatorischen Mittel funktionieren.

Zu den Mitteln, die er hat und deren er sich bedient und bedienen muß, damit das Ziel erreicht wird, gehören auch die Menschen. Da alle Mittel funktionieren müssen, müssen auch die Menschen funktionieren. Der Betrieb braucht die Menschen nicht als Menschen, die Gott bei ihrem Namen gerufen hat, sondern als Funktionen. Er braucht nicht den Franz S., nicht den Ernst K., nicht den Heinz B., sondern er braucht einen Schlosser, einen Kraftfahrer, einen Buchhalter. Franz S. ist der Schlosser, Ernst K. der Kraftfahrer und Heinz B. der Buchhalter. Der Betrieb braucht sie in diesen Funktionen, in keinen anderen. Braucht er keinen Buchhalter mehr, weil dessen Arbeit von einer Rechenmaschine übernommen wird, so muß er sich von Heinz B. trennen, so wertvoll dieser auch als Mensch sein mag. Denn dem Betrieb nützt der wertvollste Mensch nichts, sondern ihm nützte bisher der Buchhalter.

Wird Ernst K. so nervös, daß er den Straßenverkehr nicht mehr bewältigen kann, so muß der Betrieb sich von Ernst K. trennen. Es kann ihm nicht auf den Menschen, sondern nur auf den Kraftfahrer Ernst K. ankommen. Da K. nicht mehr Kraftfahrer sein kann, muß er gehen, und der Betrieb muß einen neuen Kraftfahrer einstellen, denn den braucht er.

Das klingt unmenschlich und ist auch unmenschlich. Aber es ist nicht im moralischen Sinne unmenschlich, sondern in einem ganz nüchtern sachlichen. Der Mensch ist vom Betrieb nicht als Mensch, sondern als Funktion gefragt. Der Mensch als solcher ist für den Betrieb nichts, die Funktion, die er ausüben kann, alles. Ganze Berufe fallen weg, und die Menschen, die sie ausübten, werden überflüssig, wenn sie nicht anders nutzbar sind: umgeschult oder umgelernt...«

(Aus der Rede eines Fabrikdirektors)

1. Was steht im Text?

a) ☐ Die Menschen haben im Betrieb die wichtigste Funktion.
   ☐ Die Maschinen haben im Betrieb die wichtigste Funktion.
   ☐ Der Betrieb braucht immer das, was am besten funktioniert.

b) Der Betrieb ist dazu da,
   ☐ daß er so gut wie möglich funktioniert.
   ☐ daß er so viel Geld wie möglich einbringt.
   ☐ daß Menschen arbeiten können.

c) ☐ Der Betrieb macht Menschen überflüssig.
   ☐ Der Betrieb muß Menschen entlassen.
   ☐ Der Betrieb muß Menschen umschulen.

2. Was meinen Sie?

Arbeitet man besser, wenn man weiß, daß man vielleicht bald entlassen wird?
Ist das, was im Text gesagt wird, für jeden Produktionsbetrieb richtig? Gilt es auch für Angestellte in Führungspositionen?
Sollte sich der Staat zu seinen Angestellten auch so verhalten, wie es im Text beschrieben wird?

Für das qualitative Wachstum

Schaffen wir Arbeit – da, wo sie gebraucht wird: im Umweltschutz, in sozialen Diensten, für eine bessere Lebensumwelt.
Bund, Länder und Gemeinden müssen investieren. Fünf Jahre lang zusätzlich zehn Milliarden Mark. So kommt die Wirtschaft in Schwung, und die Arbeitslosigkeit wird abgebaut.

Demokratie in die Wirtschaft tragen

Wir brauchen mehr Mitbestimmung. Weil besser entschieden werden muß. Unser großes Ziel ist die paritätische Mitbestimmung in allen Großunternehmen.
Auch das Betriebsverfassungsgesetz muß dringend verbessert werden. Denn mehr Mitbestimmung ist nötig:
– bei Rationalisierung und Einführung neuer Technologien
– bei der Arbeitsgestaltung
– bei Personalplanung und -entscheidungen
– bei der Verarbeitung von Personaldaten
– bei Betriebsänderungen.

Die Vorteile der Mitbestimmung: Eine menschlichere Arbeitswelt, weniger Wechselbäder bei der Personalpolitik, mehr Qualifizierung, Schutz der Persönlichkeit und mehr Freude an der Arbeit.

- **Die Arbeitslosigkeit ist gestiegen**
- **Die sozialen Unterschiede werden immer krasser**
- **Die Rechte der Arbeitnehmer und ihrer Gewerkschaften werden abgebaut**

Schluß
mit der Politik für wenige

Arbeit für alle
Mitbestimmung
Soziale Gerechtigkeit

Solidarität
ist
unsere Stärke

DGB

Schluß mit der Politik für wenige!

Mehr Freizeit für alle

Wir machen weiter mit der Arbeitszeitverkürzung. Denn ohne sie wird es nie wieder Vollbeschäftigung geben. Wir müssen die Arbeit gerechter verteilen.
Die 35-Stunden-Woche schafft und sichert rund 1,4 Millionen Arbeitsplätze. Beweis: 100 000 Arbeitsplätze durch die 38,5-Stunden-Woche allein in der Metallindustrie! Ein finanziell gut gesicherter Vorruhestand kann 500 000 Arbeitsplätze schaffen.
Jede Überstunde weniger ist ein Stück mehr Chance für einen Arbeitslosen.

Soziale Produktivitätsentwicklung

Die Technik soll dem Menschen dienen. Bei der Arbeit und im Leben.
Statt sich mit Leistungsverdichtung abzufinden, fordern wir Neueinstellungen.

Stärkung freier Gewerkschaften

Nur eine geschlossene Interessenvertretung der Arbeitnehmer kann verhindern, daß der Mensch im Arbeitsleben dem Diktat der Unternehmer unterworfen wird. Kleine Arbeitnehmer-Vereine können nur bitten und betteln. Sozialer Fortschritt ist damit nicht zu erreichen. Darum darf die Einheitsgewerkschaft weder durch Gesetz noch durch die Rechtsprechung geschwächt werden.

Wie denken Arbeitnehmer über ihre Situation?

1984 wurde eine Untersuchung durchgeführt. Man wollte wissen: Wie denken Arbeitnehmer über die Unternehmer, die Gewerkschaften, Arbeitslosigkeit, Gründe und Folgen der Krise?

A. Hören Sie die Interviews! Welche Personen sprechen über welche Themen?
– Die Rolle der Gewerkschaften   *B* ·
– Das Verhalten der Arbeitgeber   *A*
– Rationalisierung und Automatisierung *E*
– Die Möglichkeit, arbeitslos zu werden *B*
– Löhne   *C*
– Möglichkeiten, die Probleme zu lösen *E*

B. Hören Sie sich die Interviews noch einmal an. Wer äußert die folgenden Standpunkte?
– Die Unternehmer benutzen die Wirtschaftskrise nur, um Mitarbeiter zu entlassen. *A*
– In Wirklichkeit geht es der Industrie gar nicht schlecht. *C*
– Die Gewerkschaften müßten mehr für die Arbeitnehmer tun.   *B*
– Man kann die Unternehmer verstehen.   *A*
– Es wäre nicht so schlimm, arbeitslos zu werden.   *C*
– Das Wichtigste ist, daß man nicht arbeitslos wird.
– Eigentlich geht es den Arbeitnehmern gut.   *D*
– Man konnte voraussehen, daß viele Arbeiten jetzt von Robotern gemacht werden.   *E*
– Als Arbeitgeber hat man ein Interesse daran, Gewinne zu machen.   *A*
– Die Gesellschaft müßte grundsätzlich verändert werden.   *B*

Gebrauchsanweisung

CASOMAT CX-PLUS – die Käsebrot-Maschine

Das Gerät dient zur Herstellung größerer Mengen von Käsebroten. Es besteht aus einem Toaster, einem Rad mit Gabeln und einem Käseofen, der von zwei Kerzen geheizt wird. Um das Gerät zu bedienen, werden zwei Personen gebraucht. Eine Person legt die Toastscheiben auf den Toaster, nimmt jeweils die fertigen Brote von den Gabeln und legt sie auf einen Teller. Gleichzeitig steckt sie eine neue Scheibe auf die Gabel. Die zweite Person dreht das Rad mit den Gabeln. Sobald eine Brotscheibe auf dem Toaster fertig ist, wird das Rad weitergedreht. Dann zieht die zweite Person an einem Draht. Dadurch wird ein Ventil geöffnet, aus dem der heiße Käse auf die Brotscheibe fließt. Das Gerät leistet 100 kb/h (Käsebrote pro Stunde).

Erfinden Sie zusammen mit Ihrem Nachbarn ein Gerät, das die Arbeit in der Fabrik, im Büro oder im Haushalt leichter macht.

Machen Sie eine Zeichnung und schreiben Sie eine Gebrauchsanweisung. Haben Sie auch Lust, ein Werbeplakat für Ihr Gerät zu zeichnen? Finden Sie einen guten Werbeslogan! Stellen Sie Ihre neue Maschine dann den anderen Kursteilnehmern vor.

Hier ein paar Ideen für Geräte, die dringend gebraucht werden:
– elektrischer Bierflaschenöffner
– Automat für heiße Trinkschokolade
– automatische Knopfnähmaschine
– elektronisch geregelte Handschuhheizung

Denken Sie zum Beispiel an folgende Fragen: Welche Maße hat Ihr Gerät (Länge, Breite, Höhe)? Aus welchen Teilen ist das Gerät gebaut? Wie schaltet man es ein und aus? In welcher Reihenfolge wird das Gerät bedient? Welche Sicherheitsvorschriften muß man beachten?

P. 135, 3
P. 136, 4

○ Mir ist gekündigt worden.
□ Mit welcher Begründung denn?
○ Es gibt kaum noch Aufträge in der Branche. Und jetzt müssen sie 200 Leute entlassen.
□ Und was machst du nun?
○ Mal sehen. Vielleicht mache ich mich selbständig.
□ Aber dazu braucht man doch Kapital.
○ Nun, ich kann ja erst mal einen Kredit aufnehmen…

○ Hast du schon gehört? Georg hat seine Stellung aufgegeben.
□ Ist der denn wahnsinnig? Das hätte ich aber nicht getan an seiner Stelle!
○ Er scheint etwas Besseres gefunden zu haben.
□ So? Was denn?
○ Er soll, glaube ich, Vertreter einer deutschen Firma im Ausland werden.
□ Das ist ja höchst interessant…

1. Ergänzen Sie.

passieren – anfangen – schimpfen
versuchen – geben – arbeiten
bedienen – beginnen
kriegen – aufhören – besorgen
gefallen – verdienen
aufstehen – trinken
vergessen – stehlen
gehen – beschweren – sagen

,Den Job hat mir eine Freundin ①_____, die hier an den Wochenenden
②_____. Ich ③_____ ganz gut, und das Trinkgeld darf man auch nicht
④_____. Die Arbeitszeit ⑤_____ mir auch. Ich ⑥_____ um 4 Uhr nachmittags und kann meistens schon vor Mitternacht ⑦_____. Wissen Sie, ich
⑧_____ lieber abends, weil ich dann morgens nicht so früh ⑨_____ muß.
Natürlich ⑩_____ es auch manchmal Ärger. Manche Gäste ⑪_____ zum Beispiel, Gläser zu ⑫_____. Wenn das zum zweiten Mal ⑬_____, ⑭_____
der Gast Hausverbot. Oder wenn jemand zuviel Bier ⑮_____ hat, muß ich ihm
⑯_____, daß er nach Hause ⑰_____ soll. Die meisten wollen dann einen Streit
⑱_____ und ⑲_____ laut. Manche wollen sich sogar beim Chef über mich
⑳_____.

2. Schreiben Sie einen Dialog.

– Die Firma ist verkauft worden und unsere
  Abteilung wurde geschlossen.
– Nein. Hast du selbst gekündigt?
– Ich wünsche dir jedenfalls viel Glück.
– Nicht besonders gut. Vorläufig werde ich
  wohl keine neue Stelle finden.
– Was machst du denn hier?
  Bist du etwa arbeitslos?
– Und warum haben sie dich entlassen?
– Ich bin doch nicht verrückt!
– Ja, seit drei Wochen. Hast du das
  nicht gewußt?
– Wie sind denn die Chancen auf dem
  Arbeitsmarkt?

○ Was machst du denn hier? Bist du etwa arbeitslos? _____

□ _____

Animateurin – ein Traumjob?

Klingt schon toll: Animateurin auf einem Luxusdampfer. Wir wollten mal wissen, wie so ein Job wirklich aussieht, und unterhielten uns mit Beate Tradt.

Sie sind jetzt 34 und arbeiten als Animateurin auf Kreuzfahrtschiffen und in Ferienclubs. Wie sind Sie dazu gekommen? Hat Sie einfach irgendwann das Fernweh gepackt?
Eigentlich war es purer Zufall. Ich habe Grafik-Design studiert, aber keinen Job gefunden. Ich habe dann ein Lehramtsstudium drangehängt, aber auch als Lehrer gab es praktisch keine Hoffnung, eine feste Anstellung zu finden.
Damals habe ich in einer Zeitung einen Leserbrief gelesen, in dem ganz begeistert über eine Sängerin an Bord eines Kreuzfahrtdampfers berichtet wurde. Das hat mich interessiert. Was die kann, das kann ich auch – dachte ich mir. Schließlich hatte ich ja schon zehn Jahre lang so nebenher in einer Band gesungen. Ich habe mich also bei verschiedenen Reiseveranstaltern beworben, als Sängerin und Animateurin.
Und dann hat es sofort geklappt?

Ja, ich war ganz erstaunt, weil ich selbst nicht so recht daran geglaubt hatte. Ich wurde als Sängerin für eine sechswöchige Kreuzfahrt von Caracas in Venezuela nach Genua engagiert.
War diese Reise so, wie Sie es sich vorgestellt hatten?
Nur teilweise. Der Job als Sängerin war etwas schwierig, ich mußte viele Schlager singen, die ich vorher gar nicht gekannt hatte. Mein nächster Job war dann in einem Ferienclub auf Mallorca, als Animateurin. Und danach wurde ich wieder für Kreuzfahrten engagiert, ebenfalls als Animateurin.
Welche Aufgaben hat man denn da?
Morgens gegen halb acht mache ich erst einmal eine kleine Radiosendung, mit der Schiffsradiostation. Ich wecke die Passagiere, gratuliere denen, die Geburtstag haben, erzähle, was wir an diesem Tag tun werden, und spiele viel Musik. Später leite ich die Morgengymnastik, dann bereite ich Bordspiele vor, zum Beispiel

Shuffle-board, Volleyball, Skat-Turniere oder die Wahl der schönsten Dame oder des bestaussehenden Herrn an Bord. Abends gibt es dann noch irgendeine Aufführung oder ein Bingo-Spiel. Und außerdem plane ich die Landausflüge…
Haben Sie keine Angst, daß Ihnen mal die Ideen ausgehen?
Eigentlich nicht. Ich habe ein bewährtes Programm im Kopf, dazu probiere ich manchmal etwas Neues aus.
Sie sind durch Ihre Kreuzfahrten schon viel herumgekommen. Würden Sie sagen, daß Sie diese Länder jetzt wirklich kennen?
Nein, sicher nicht. Um ein Land richtig kennenzulernen, muß man zu den Menschen dort Kontakte knüpfen. Bevor es dazu kommen kann, sind wir schon wieder auf See.
Sie sind oft monatelang an Bord eines Schiffes, haben dann drei, vier Wochen Pause, bis Sie wieder auf Reisen oder in einen Ferienclub ge-

hen. Ist das nicht sehr anstrengend? Oder ein bißchen traurig, wenn man immer wieder Abschied nehmen muß?
Natürlich bin ich durch meinen Beruf ziemlich entwurzelt. Mein Apartment habe ich gerade aufgegeben und lebe – wenn ich mal zu Hause bin – bei meinen Eltern. Dort in Bonn wohnen auch die meisten meiner Freunde. Eine feste Partnerschaft kann man bei diesem Job nicht führen. Auf der anderen Seite lerne ich unheimlich viele Menschen kennen. Mit einigen Berufskollegen bin ich inzwischen befreundet – dann ist es natürlich herrlich, wenn man irgendwann gemeinsam arbeiten kann.
Sie versuchen, anderen Menschen einen schönen Urlaub zu machen. Was tun sie eigentlich, wenn Sie selber Ferien haben?
Ich reise – wie alle anderen. Allerdings meist allein oder mit Freunden auf eigene Faust quer durch irgendein Land, das ich noch nicht kenne.

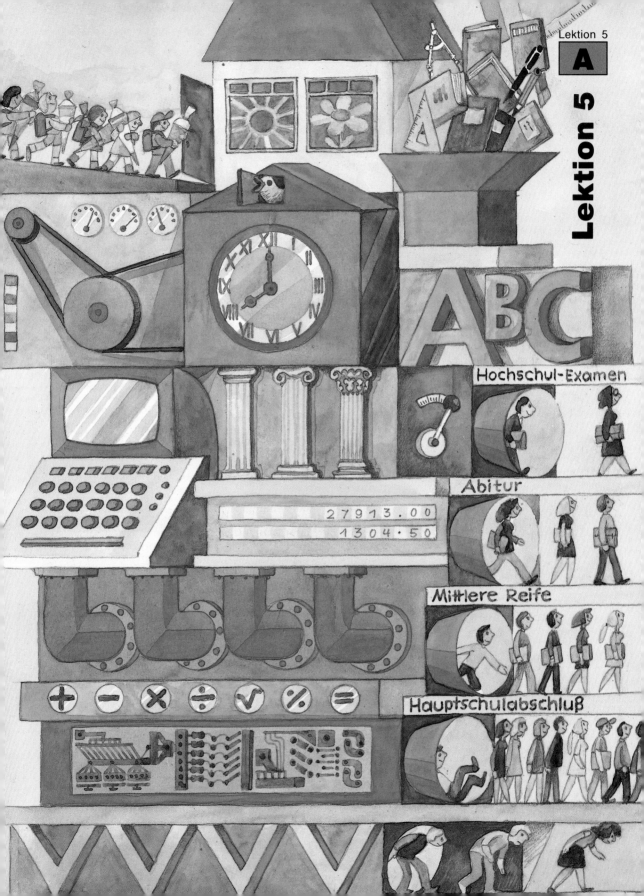

Hochschul-Examen

Abitur

Mittlere Reife

Hauptschulabschluß

Stundenplan Klasse 8c					
Zeit	**Montag**	**Dienstag**	**Mittwoch**	**Donnerstag**	**Freitag**	**Samstag**
$8.^{10} - 8.^{55}$	Geschichte	Erdkunde	Sport	Wirtschaft	Latein	
$8.^{55} - 9.^{40}$	Biologie	Biologie	Latein	Deutsch	Geometrie	
$9.^{45} - 10.^{30}$	Englisch	Algebra	Geometrie	Englisch	Erdkunde	
$10.^{55} - 11.^{40}$	Deutsch	Latein	Deutsch	Algebra	Geschichte	
$11.^{45} - 12.^{30}$	Kunst	Deutsch	Religion	Latein	Physik	
$12.^{30} - 13.^{15}$	Musik	Physik	Englisch	Sport	Englisch	

In welchem Fach sind Sie am besten?
Welche Fächer haben Sie am liebsten?
Welche Lehrerinnen oder Lehrer finden Sie am nettesten?
Welcher gibt die schlechtesten Noten?
Welche geben am meisten Hausaufgaben?
Haben Sie in der Schule etwas besonders Lustiges oder besonders Trauriges erlebt?

Schule: damals und heute

1. Was hat sich geändert?

P. 136, 1a), b)

| Früher | mußten
durften
konnten
brauchten
... | die | Schüler
Kinder
Mädchen
Jungen
Lehrer
... | immer
fast nie
nicht
nur
... | ... |
| Heute | müssen
... | | | | |

im Kreis sitzen

ganz still in den Bänken sitzen

in Gruppen lernen

ihre Meinung frei sagen

eine Mütze tragen   Noten geben

schwatzen   Hausaufgaben machen

politisch aktiv sein   Kinder schlagen

selber Vorschläge machen

2. Wie war es bei Ihren Eltern? Erzählen Sie.

P. 137, 1c)

mittags Butterbrote essen

anziehen, was sie wollen

Hosen tragen

sich eine Aufgabe aussuchen

Wir haben immer alles auswendig lernen müssen.

Wir haben nie ... dürfen.

Wenn ich schlechte Noten nach Hause brachte, durfte ich nicht mit den anderen spielen.

Ich habe manchmal ... müssen.

Zwei Lebenswege

In der zweiten Klasse der Grundschule sitzen sie nebeneinander: Claudia und Michael. Beide sind sieben Jahre alt. In der Pause tauschen sie Tierfotos gegen Buntstifte. Am Nachmittag gehen beide zum Schwimmtraining ins Schwimmbad. Viele glauben, daß Claudia und Michael Geschwister sind. Aber sie sind in Wirklichkeit sehr weit voneinander entfernt.

Claudia hat in der zweiten Klasse Grundschule keine schlechteren Noten als Michael. Nach zwei Jahren geht sie zur Hauptschule. Danach sinken ihre Leistungen in der Schule. Mit 13 Jahren muß sie die Klasse wiederholen. Im Unterricht ist sie still, macht ihre Hausaufgaben nicht immer regelmäßig und bleibt zum zweitenmal sitzen. Die Lehrer sagen, daß es ihr an Fleiß, Interesse und Begabung fehlt. Claudia macht keine Abschlußprüfung in der Hauptschule. Nach einem halben Jahr zu Hause findet sie einen Job in einer Schuhfabrik.

Michael dagegen wechselt nach dem 4. Schuljahr ins Gymnasium und hat durchschnittliche Noten. Mit fünfzehn Jahren bekommt er Schwierigkeiten in Mathematik und Physik. Deshalb bekommt er nach dem Unterricht Privatunterricht: 35 Mark für 45 Minuten. Mit 16 und 17 Jahren entwickelt Michael sehr gute Leistungen in Deutsch und Geschichte. Am Ende macht er ein befriedigendes Abitur. Nach dem Dienst in der Bundeswehr studiert er Jura und wird später Rechtsanwalt.

Claudias Vater ist Bauarbeiter, hat drei Kinder und wohnt mit seiner Familie in einer Wohnung mit zweieinhalb Zimmern und Küche. Die Familie hat ein Einkommen von 1600 DM. Die Mutter verdient halbtags in einer Schuhfabrik dazu.

Michaels Vater ist Beamter. Er ist Richter am Landgericht. Er hat nur ein Kind und bekommt ein Gehalt von 4300 DM im Monat. Die kleine Familie wohnt in einer Viereinhalb-Zimmer-Wohnung mit Küche.

Claudia hat kein eigenes Zimmer. Die Hausaufgaben macht sie am Küchentisch. Helfen können die Eltern nicht. Die Familie besitzt und liest keine Bücher. Zuhause wird Dialekt gesprochen, fast nur in einfachen Sätzen, der Vater meist in der Befehlsform. Beim Abendessen läuft das Fernsehen. Diskutiert wird nicht. Andere Anregungen sind sehr selten.

Michaels Zuhause ist anders. Sein Vater hat viele Bücher gelesen. Er will und kann auch mit seinem Sohn diskutieren. Die Mutter spielt Klavier. Die Familie spricht Hochdeutsch und legt großen Wert auf Sitten und Gebräuche. Alle in der Familie haben das Recht, ihre Meinung zu sagen. Fehler werden nicht nur bestraft, sondern die Strafe wird auch begründet. Der Familie macht es keine Schwierigkeiten, sich mit der Bürokratie auseinanderzusetzen, um ihr Recht zu wahren.

Zwei Kinder, zwei Normalfälle. Zwei verschiedene Lebenswege.

1. Vergleich

	Claudia			Michael
Beruf des Vaters	Bauarbeiter	○	○	Richter
Schulabschluß des Vaters (wahrscheinlich)		○	○	
Einkommen des Vaters		○	○	
Einkommen pro Person in der Familie		○	○	
Wohnung: Zahl der Zimmer		○	○	
Zimmer pro Person in der Familie		○	○	
Zahl der Geschwister		○	○	
Wieviel Zeit hat die Mutter für jedes Kind pro Tag?		○	○	

Vergleichen Sie die Aussagen und kreuzen Sie jeweils an, was Sie für vorteilhafter halten.

2. Nomen und Pronomen im Text.

a) Um gutes Deutsch zu schreiben, darf man in Texten nicht nur Nomen verwenden, sondern man muß dort, wo es möglich ist, auch Pronomen gebrauchen.
Ergänzen Sie die folgenden Nomen und Pronomen im Text unten.

beide   sie   Claudia und Michael. Beide   er   sie   ihre   er   Claudia
Claudia und Michael   sie   Claudia und Michael   Claudia   ihre
er   sie   Michael   sie   ihr   Michael   er   sie

Zwei Lebenswege

In der zweiten Klasse der Grundschule sitzen sie nebeneinander: _____ sind sieben Jahre alt. In der Pause tauschen ____ Tierfotos gegen Buntstifte. Am Nachmittag gehen ____ zum Schwimmtraining ins Schwimmbad. Viele glauben, daß ____ Geschwister sind. Aber ____ sind in Wirklichkeit sehr weit voneinander entfernt.

_____ hat in der zweiten Klasse Grundschule keine schlechteren Noten als Michael. Nach zwei Jahren geht ____ zur Hauptschule. Danach sinken ____ Leistungen in der Schule. Mit 13 Jahren muß ____ die Klasse wiederholen. Im Unterricht ist ____ still, macht ____ Hausaufgaben nicht immer regelmäßig und bleibt zum zweitenmal sitzen. Die Lehrer sagen, daß es ____ an Fleiß, Interesse und Begabung fehlt. _____ macht keine Abschlußprüfung in der Hauptschule. Nach einem halben Jahr zu Hause findet ____ einen Job in einer Schuhfabrik.

_____ dagegen wechselt nach dem 4. Schuljahr ins Gymnasium und hat durchschnittliche Noten. Mit fünfzehn Jahren bekommt ____ Schwierigkeiten in Mathematik und Physik. Deshalb bekommt ____ nach dem Unterricht Privatunterricht: 35 Mark für 45 Minuten. Mit 16 und 17 Jahren entwickelt ____ sehr gute Leistungen in Deutsch und Geschichte. Am Ende macht ____ ein befriedigendes Abitur. Nach dem Dienst in der Bundeswehr studiert ____ Jura und wird später Rechtsanwalt.
. . .

Vergleichen Sie jetzt ihre Lösung mit dem Text im Kursbuch. Sie muß nicht genauso aussehen. Wichtig ist aber,
– daß klar ist, für welche Nomen die Pronomen stehen, und
– daß am Anfang jedes Absatzes ein Nomen steht.
Unterstreichen Sie jetzt (mit Bleistift) die Nomen so ,⌢⌢⌢' und die Pronomen so ,_____' und kontrollieren Sie, ob immer klar ist, für welche Nomen die Pronomen stehen.

3. Wie war es früher? Wie ist es heute? Ergänzen Sie ,dürfen' oder ,müssen'.

a) Früher _mußten_ die Schüler ganz still in Bänken sitzen, und wir _durften_ nur etwas sagen, wenn der Lehrer uns fragte. Heute _dürfen_ die Schüler ganz normal an Tischen sitzen. Sie _____ frei diskutieren und _____ etwas sagen, auch wenn sie der Lehrer nicht direkt etwas fragt.

b) Heute _____ deutsche Kinder in der Schule anziehen, was sie wollen. Früher _____ sie Schuluniformen tragen, und die Mädchen _____ nicht mit Hosen in die Schule gehen.

c) Früher _____ deutsche Lehrer die Schüler schlagen. Heute _____ die Lehrer zwar mit anderen Mitteln bestrafen, aber sie _____ die Schüler nicht schlagen.

d) Heute _____ die Schüler offen ihre Meinung sagen. Früher _____ man in der Schule nicht frei diskutieren.

e) Früher _____ die Schüler aufstehen, wenn der Lehrer sie etwas fragte. Heute _____ sie sitzen bleiben, wenn sie eine Frage des Lehrers beantworten.

f) Heute _____ die Schüler auch selber Vorschläge dafür machen, was sie lernen wollen. Früher _____ die Schüler immer das tun, was der Lehrer wollte. Mitbestimmen, was sie lernen wollten, _____ sie nicht.

Chancengleichheit

Jedes Mädchen und jeder Junge soll unabhängig vom Wohnort, von Beruf, Einkommen und Bildungsabschluß der Eltern im Bildungswesen die gleichen Chancen haben. Arbeiterkinder sind nicht dümmer als andere; sie sind aber oft dümmer dran, weil z. B. Vater und Mutter ihrem Kind bei den Hausaufgaben nicht so leicht helfen können.

Noch immer sind große Gruppen der Bevölkerung in den »höheren« Bildungsgängen stark unterdurchschnittlich vertreten. Chancengleichheit ist so lange nicht verwirklicht, so lange in unserem Bildungswesen der Grundsatz »Fördern statt Auslesen« nicht selbstverständlich geworden ist. Es ist wichtig, Sozialbarrieren im Schulsystem abzubauen, aber Chancengleichheit bedeutet zum Beispiel auch:

— daß es keine Familientragödie mehr sein darf, wenn ein Akademikerkind statt des Abiturs »nur« eine handwerkliche Ausbildung macht;
— daß Mädchen in gleicher Weise wie Jungen zur Gestaltung ihres zukünftigen Lebens in Familie, Beruf und öffentlichem Bereich befähigt werden;
— daß Erwachsene ein Leben lang die Möglichkeit erhalten, das, was sie als

Kinder und Jugendliche schulisch versäumt haben, durch Weiterbildung nachzuholen und ihre Kenntnisse und Fähigkeiten weiterzuentwickeln.

Vieles hat sich schon verbessert:

— Früher gingen nur wenige Kinder in den Kindergarten. Heute gibt es für fast alle Fünfjährigen einen Kindergartenplatz.

— Den Übergang von der Grundschule in Realschule oder Gymnasium schaffen heute mehr Kinder als früher. Die soziale Zusammensetzung der Schüler an den Realschulen entspricht sogar schon der Sozialstruktur in der Gesellschaft als ganzem.

— Der neue Schultyp der Gesamtschule hilft besonders denjenigen, denen bisher der Weg zu einem höheren Bildungsabschluß meistens verschlossen war.

— Auch an den Hochschulen hat sich in den letzten Jahren das Sozialgefüge erfreulich verändert.

— Am Geldbeutel braucht eine Ausbildung kaum noch zu scheitern: Im Jahre 1983 wurden rund 960000 Schüler und Studenten nach dem Bundesausbildungsförderungsgesetz (BAföG) finanziell unterstützt.

Deutsche Studenten im 1. Hochschulsemester nach beruflicher Stellung des Vaters in Prozent

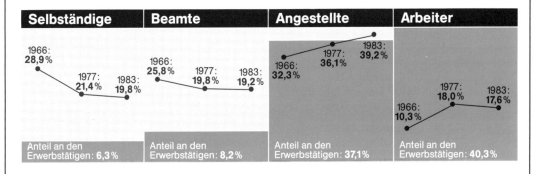

Selbständige	Beamte	Angestellte	Arbeiter
1966: 28,9%	1966: 25,8%	1966: 32,3%	1966: 10,3%
1977: 21,4%	1977: 19,8%	1977: 36,1%	1977: 18,0%
1983: 19,8%	1983: 19,2%	1983: 39,2%	1983: 17,6%
Anteil an den Erwerbstätigen: 6,3%	Anteil an den Erwerbstätigen: 8,2%	Anteil an den Erwerbstätigen: 37,1%	Anteil an den Erwerbstätigen: 40,3%

P. 138, 2

1. Was steht im Text?	steht im Text	steht nicht im Text
a) Die Kinder von Akademikern sind intelligenter als die Kinder von Arbeitern.		
b) Wirkliche Chancengleichheit gibt es noch nicht.		
c) Manche Akademiker glauben, daß ihre Kinder auf jeden Fall das Gymnasium schaffen müssen.		
d) Heute wollen nicht mehr so viele Kinder den Kindergarten besuchen.		
e) Der Anteil von Arbeiterkindern bei den Realschülern und Gymnasiasten wächst.		
f) Wenn Schule oder Studium für die Eltern zu teuer wird, zahlt der Staat.		

2. Was meinen Sie?

Finden Sie es richtig, daß in der Schule die Schwächeren stärker gefördert werden? Oder glauben Sie, daß man im Gegenteil die intelligentesten Kinder mehr fördern sollte? Können Sie Ihre Meinung begründen?

Die Schülervertretung der Gesamtschule Hemmingen: Wir sprachen mit Thomas Bilitewski (8. Kl.), Carola Krahn (11. Kl.) und Detlef Schröther (11. Kl.) sowie zwei Vertrauenslehrern: Wolfgang Göpfert und Bernd Nause.

Demokratie in der Schule
Ein Interview aus der Schülerzeitschrift »treff«

»treff«: Warum macht ihr bei der SV mit?
Carola: Mich hat gestört, daß einige Klassensprecher und einzelne Schüler so ohne Interesse waren, deshalb wollte ich mich einmal selber um Rechte und Pflichten der SV kümmern.
Thomas: Ich habe Interesse bekommen, als ich gesehen habe, was eine SV so alles machen kann.
»treff«: Was macht eure SV?
Detlef: Unsere Aufgabe besteht darin, schulinterne Dinge zu ordnen und zu organisieren. Zum Beispiel Arbeitsgemeinschaften, wie unsere Schülerzeitung, Schüleraustausch, Feten. Wir bemühen uns auch um bessere Kontakte zu den Elternvertretern und um bessere Zusammenarbeit mit dem Landesschülerrat.
Thomas: Es gab eine Menge zu regeln, wie schulfreier Samstag, Raucherhäuschen, Mitspracherecht und so weiter.
Carola: Wir haben einen Briefkasten vor unserem SV-Zimmer, hier können Schüler ihre Probleme oder Fragen aufschreiben und reinstecken.
»treff«: Wie sind SV-Arbeit und Schularbeiten zu schaffen?
Detlef: Die Einarbeitungszeit war nicht so einfach, aber jetzt komme ich mit der Arbeit gut hin. Für die SV arbeiten wir aber auch in unserer Freizeit.
Thomas: Die Lehrer haben für unsere Arbeitsbelastung Verständnis. Probleme können wir jederzeit mit unserem Schulleiter besprechen.
»treff«: Wie ist euer Verhältnis zu den Lehrern?
Carola: Im großen und ganzen gut.
Thomas: Unser Schulleiter und unsere Vertrauenslehrer informieren uns über unsere Rechte…
Detlef: …und sie geben uns Hilfestellung beim Aufbau der SV.
»treff«: Wie ist das Interesse der Schüler an der SV-Arbeit?
Detlef: Die jüngeren Klassen sind daran weniger interessiert, aber ab 7. Klasse ist die Beteiligung gut.
Carola: Mich sprechen viele Mädchen direkt an und fragen dieses oder jenes.
»treff«: Wie stehen die Lehrer zur SV?
Wolfgang: Ich finde, daß Schülervertretungen wichtig sind, und ich unterstütze die SV. Man muß den Schülern helfen, mit der Arbeitsbelastung umzugehen, damit nicht aus Überlastung Unzufriedenheit erwächst.
Bernd: Die SV stößt bei den Lehrern kaum auf Schwierigkeiten. Es ist wichtig, daß die Schüler, die ja gezwungenermaßen zur Schule gehen, in die Verantwortung für ihren Schulalltag einbezogen werden.

Fassen Sie das Interview zusammen.

Schauen Sie dabei nicht auf den Text im Buch. Schreiben Sie in wenigen Worten, was die Schülervertretung macht, wie sich die Schüler an der Arbeit der SV beteiligen und was die Lehrer dazu sagen.

Jede Warnung vor Überfüllung bleibt ungehört: In Bayerns Hauptstadt studieren 80000 junge Menschen.

München leuchtet. Ein blauer Himmel spannt sich über die Stadt. Wie vergoldet glänzen die Kirchen; wie ein südlicher Boulevard präsentiert sich die Ludwigstraße im strahlenden Licht des Vormittags. »Man lebt hier angenehmen Zwecken«, so schrieb einmal Thomas Mann über diese Stadt.

Ohne Hast verlassen die Studenten das Hauptgebäude der Ludwig-Maximilians-Universität. Sie gehen in ihren »Open-air-Campus«, den Englischen Garten. Nicht zum Studium: Die Bücher halten sie zum Schutz vor der Sonne vor die Nase!

Kommt nicht hierher! – das hat der Universitätsrektor schon vor mehr als zwanzig Jahren gesagt. Damals erreichte die Studentenzahl bereits 20000. Aber es half nichts, es kamen immer mehr Studenten nach München.

Im Sommersemester 1984 studierten 48000 junge Menschen an der Universität und 19000 an der Technischen Universität. Dazu kommen noch die verschiedenen Fachhochschulen. Zusammen sind es rund 80000 Studenten. Damit ist München die größte Studentenstadt der Bundesrepublik. Nur Berlin hat noch ein paar Studenten mehr. Eine Massenuniversität also – mit allen Folgen: Sitzplätze in den Hörsälen sind Luxusware. Oft kennen einander nicht einmal die Professoren. Es sind fast tausend. Allein die beiden

Uni-Fachbereiche Medizin und Rechtswissenschaft könnten mit über 12000 Studenten eine Kleinstadt füllen.

Besonders überlaufen sind Uni-Fächer wie Maschinenbau. Schon in den Anfangssemestern werden Studenten »hinausgeprüft«. Kein Grund also, nach München zu kommen, so sollte man meinen. Aber sie kommen. Warum bloß kommen sie? Oder: Warum bleiben sie? Denn siebzig bis achtzig Prozent der Studenten kommen aus Bayern. Dabei könnten sie aber auch in Würzburg, Bamberg oder Passau studieren.

Für die Münchner gibt es eine einfache Antwort: Weil es billiger ist, bei den Eltern zu wohnen. Die zweite Antwort ist ebenso kurz: »Freizeitwert«. Mit ihrer südländischen, locke-

ren Atmosphäre ist die Stadt näher mit Rom und San Diego verwandt als etwa mit Stuttgart und Hamburg.

»Ich mag nirgends anders hin«, sagt Christine Knittel, 21 Jahre, im vierten Semester Maschinenbau. Sie wohnt bei ihren Eltern. Christine war auch schon in anderen Städten. In Stuttgart zum Beispiel: Dort ist sie einmal von einer Wiese getrieben

Acht große Theater und vierzig Kleintheater in München, 73 Kinos, 20 Musikkneipen, Discos gar nicht mitgezählt. Wer von der BAföG lebt, muß allerdings sehen, wie er zurechtkommt. Die Mieten für eine Studentenbude haben Manhattan-Niveau. Darum bilden viele Studenten Wohngemeinschaften. Darum wird auch viel gejobbt, was in München besser geht als anderswo. Es gibt Messen und Volksfeste das ganze Jahr hindurch, da finden Studenten immer einen Job. Gefragt sind die Studenten auch als Skilehrer, Bergführer und Dolmetscher bis hin zu Hostessen für die Modemesse und für Kongresse. Aber es gibt auch Jobs in Studentenkneipen,

berkäs gibt und wo die Studentenrevolte von 1968 noch lange nicht zu Ende diskutiert ist.
Aber die Studentenkneipe oder das Studentenviertel gibt es nicht. Der Campus heißt einfach München. Die Münchner Studenten studieren nicht, wie z.B. die in Bochum, in Lernmaschinen aus Glas und Beton, die am Wochenende leer und ausgestorben am Stadtrand liegen.
Trotzdem: Vor München sei gewarnt. Zu Beginn des Wintersemesters 1984/85 gab es einen neuen Rekord von Studentenzahlen. An der Uni immatrikulierten sich rund 50000, an der Technischen Universität 20000. Dabei waren zum ersten Mal die Frauen in der Überzahl.

Eine Uni ohne Uniform: Wer vom ehrwürdigen Foyer in einen der Hörsäle kommt, kann sein wahres Platzwunder erleben – wo keiner ist, wird welcher geschaffen, notgedrungen nicht ohne Zwang, aber auch recht zwanglos.

worden, auf der sie sich ausruhen wollte. Nein, sowas ist ihr in München noch nie passiert.
Zuhause in München, das heißt auch: eine halbe Autostunde zum Surfen auf den Seen, drei Stunden zum Klettern nach Südtirol in die Alpen, vier Stunden an die Adria nach Jugoslawien, eine Stunde zum Skifahren in die bayerischen Berge. Wer will da schon in den kalten Norden? Und dann die Möglichkeiten am Abend! Große Kunst und Kleinkunst.

und einige stellen sich sogar als Babysitter für die Kinder des Vermieters zur Verfügung und bekommen dafür das Zimmer billiger.
Natürlich haben auch die Münchner Studenten Angst vor der Zukunft. Aber eine »Nofuture«-Stimmung? Nein; dazu fehlt hier auch – sonst typisch für eine Universitätsstadt – das »Studentenghetto«, wo man immer nur dieselben Leute trifft. Es gibt zwar Kneipen – besser gesagt: Wirtschaften – wie den »Atzinger«, wo es billigen Le-

Das bayrische Staatsministerium für Unterricht und Kultus, das für die Hochschulen des Landes zuständig ist, erhöhte die Zahl der Numerus-clausus-Fächer um zwei (Geschichte und Romanistik) auf jetzt insgesamt 25, und die Leitung der Universität denkt bei solchen Zahlen schon laut darüber nach, ob man auch am Samstag Vorlesungen haben sollte.
Aber die Studenten sind optimistisch. Sie planen trotzdem schon das nächste Skiwochenende in den Alpen.

1. Was paßt zusammen?

Vor einem Studium in München wird gewarnt,	weil das billiger ist.
Einige Studenten arbeiten als Babysitter,	weil die Hochschulen schon überfüllt sind.
In München gibt es kein Studentengetto,	weil die Mieten in München so hoch sind.
In Stuttgart wollte Christine Knittel nicht bleiben,	weil die Räume nicht mehr reichen.
Manche Studenten wohnen gern bei ihren Eltern,	weil die Stadt einen hohen Freizeitwert hat.
München ist für Studenten besonders interessant,	weil die Universität nicht außerhalb der Stadt liegt.
Viele Studenten müssen zusätzlich Geld verdienen,	weil man sich dort nicht mal auf eine Wiese legen darf.
Vielleicht gibt es bald auch am Samstag Vorlesungen,	weil man so Geld sparen kann.
Wohngemeinschaften sind beliebt,	weil sie dann weniger Miete bezahlen müssen.

2. Was meinen Sie?

P. 138, 3

Wenn Sie sich für eine Universität in der Bundesrepublik Deutschland entscheiden müßten:
Was wäre für Sie der wichtigste Grund, nach München zu gehen?
Welches wäre der wichtigste Grund, nicht nach München zu gehen?

Ich würde auf jeden Fall da studieren, weil ...

München wäre bestimmt toll. Stellt euch doch mal vor: Da gibt es ...

München käme für mich nicht in Frage, weil ...

Ich könnte da nicht studieren, denn ...

Für mich käme nur eine Stadt in Frage, ...

Wenn ich ein schönes Zimmer fände ...

Ich ginge lieber in eine Stadt, wo es ... gäbe.

Für mich gäbe es nur einen Grund, nach München zu gehen, nämlich ...

Wenn ich ein Stipendium bekäme ...

○ Du, ich habe mich für einen Informatikkurs bei der Volkshochschule angemeldet.

□ Aha, wie bist du denn darauf gekommen?

○ Na, ich will meine beruflichen Aussichten verbessern.

□ Erfüllst du denn überhaupt die Voraussetzungen für so einen Kurs?

○ Na klar; man muß nur ein bißchen in Mathematik Bescheid wissen.

□ Und was wird in diesem Kurs gemacht?

○ Man wird sowohl in die Methoden der Datenverarbeitung als auch in die wichtigsten Computersprachen eingeführt.

□ Hmm, sag mal, ob da wohl noch Plätze frei sind?

○ Ja, sie nehmen noch Anmeldungen an...

| Ich | mache | jetzt einen ...kurs bei... | mit. |
| | besuche | | – |

| Wie bist du denn auf die Idee gekommen? |
| Wozu machst du das denn? |

Das	kann	ich gut	in meinem Beruf	gebrauchen.
		man immer mal	bei...	–
	brauche ich		für...	
Ich will		meine Kenntnisse	auf diesem Gebiet	verbessern.
		mein Wissen		erweitern.

Braucht man da	irgendwelche
Muß man dazu	bestimmte
	Voraussetzungen	?
	Vorkenntnisse	haben?

Vorkenntnisse	braucht man nicht.
Besondere Kenntnisse	werden nicht vorausgesetzt.
	sind dafür nicht notwendig.
Man muß nur ein bißchen	Ahnung von...	haben.
	Interesse an...	

| Und was | wird da genau gelernt? |
| | macht man da so? |

Man	lernt,	mit... umzugehen.
		wie man....
	wird	sowohl	in...	als auch	in ... unterrichtet.
		teils		und teils	

P. 139, 4

Antonio Vargas lebt schon seit zwei Jahren in der Bundesrepublik Deutschland.

Vor zwei Jahren ist er als Neunzehnjähriger nach Düsseldorf gekommen. Damals konnte er noch fast kein Deutsch; er verstand nur ein paar Worte. Aber dann hat er an der Volkshochschule Deutsch gelernt. Jetzt möchte er die Zertifikatsprüfung „Deutsch als Fremdsprache" machen.

A. Hören Sie den Dialog.

B. Welche Aussagen sind richtig? Korrigieren Sie die falschen Aussagen.

a) Antonio weiß nicht genau, welche Voraussetzungen er für die Prüfung erfüllen muß.
b) Es gibt pro Jahr einen Prüfungstermin.
c) Die nächste Prüfung findet in einem halben Jahr statt.
d) Es gibt keine besonderen Vorbereitungskurse für die Zertifikatsprüfung.
e) Um sich für die Prüfung anzumelden, muß Antonio ein Antragsformular ausfüllen.
f) Die Gebühr für die Prüfung beträgt 25 DM.
g) Antonio bekommt Bescheid, wann genau die Prüfung stattfindet.

Volkshochschule der Stadt NEUSS

In unserem Kurs »Freies Sprechen - freie Rede« sind noch Plätze frei! Wenn Sie Ihre Ausdrucksfähigkeit verbessern wollen, weil Sie in Beruf oder Studium häufig frei sprechen müssen, nehmen Sie an diesem Kurs teil! Sie lernen, Ihre Diskussionsbeiträge vorzubereiten und kleine Vorträge zu halten. Voraussetzungen: Entweder Deutsch als Muttersprache oder fließend Deutsch sprechen. Telefonische Anmeldung bis 13. 9. 1986: 86 42 07

ADAC – Geschäftsstelle Bielefeld

Pannenkurs für Anfänger
Für alle, die kleinere Schäden oder Pannen an ihrem Auto selbst reparieren wollen: Reifen wechseln, Fehler in der elektrischen Anlage suchen, richtiges Abschleppen usw. Technisches Interesse vorausgesetzt.
Drei Abende 25,– DM.

Deutsches Rotes Kreuz

Sofortmaßnahmen am Unfallort
Drei Abende (kostenlos). Programm: Erste Hilfe bei Verkehrsunfällen, Verletzte behandeln, Wunden verbinden. Der Besuch dieses Kurses ist Bedingung für die Anmeldung zur Führerscheinprüfung.

Hedwig Dörnbachschule – Familienbildungsstätte

Natürliche Heilmittel im Haushalt
Man muß sich nicht für jede Erkältung, jeden Husten, jede kleine Verletzung gleich teure chemische Medikamente aus der Apotheke verschreiben lassen. In 10 Doppelstunden zeigt eine Pharmazeutin, wie man selbst nützliche Salben, Tees und Tropfen auf natürliche Art herstellen kann, die sowohl preisgünstig als auch ungefährlich sind.

━━━━━━━━━━VHS der Stadt Herford ━━━━━━━━━━

Skulpturenkurs – 20 Doppelstunden.
Wer eine künstlerische Begabung hat und mit Hammer und Zange umgehen kann, der sollte diesen Kurs besuchen. Unter der Leitung eines erfahrenen Künstlers werden Figuren aus den verschiedensten Materialien hergestellt: Holz, Stein, Eisen, Draht. Nach Schluß des Kurses Ausstellung der hergestellten Skulpturen im Forum der VHS.

Prüfungen

1. Was für Prüfungen finden hier statt?

Welche Prüfungen sind freiwillig?
Was passiert, wenn die *nicht* freiwilligen Prüfungen nicht bestanden werden?
Was müssen die Prüflinge 1–6 tun, um die Prüfung zu bestehen? Was dürfen sie tun, wenn sie die Prüfung bestanden haben? Wie dürfen sie sich dann nennen?

Meisterprüfung	eine Doktorarbeit schreiben	
Staatsexamen für Lehrer	eine | mündliche | Prüfung ablegen	
medizinische Doktorprüfung	| schriftliche	
Lehrabschlußprüfung	| praktische	
Abitur	Auto fahren	
Führerscheinprüfung	einen handwerklichen Gegenstand herstellen	
Alkoholtest	Probeunterricht in einer Schulklasse durchführen	
Weinprobe	studieren	
Gesundheitsprüfung	am Gymnasium unterrichten	Dr. med.
TÜV	Lehrlinge ausbilden	Meister
Radfahrerprüfung	eine Werkstatt aufmachen	Studienrat
Schachweltmeisterschaft	allein Auto fahren	z. B. Elektriker
	Kranke behandeln	

2. Haben Sie selbst schon eine dieser Prüfungen abgelegt?

Waren Sie gut vorbereitet? Waren Sie vor oder während der Prüfung sehr nervös?
Finden Sie Prüfungen notwendig?

NUR FÜR LIEBHABER VON KLOPFENDEN HERZEN.

Zehn goldene Regeln für Leute, die Aufregung vor Prüfungen lieben.

Manchmal hat man den Eindruck, es gibt Leute, denen es Spaß macht, vor Prüfungen völlig aus dem Häuschen zu geraten. Jedenfalls tun sie alles nur irgend mögliche, was zu Prüfungsangst führt. Man kann schlecht glauben, daß nur Unwissenheit und keine Absicht dahintersteckt.
Deswegen stehen hier für solche Spannungsliebhaber zehn goldene Regeln. Werden sie wirklich befolgt, dann kann man für eine Prüfungsangst garantieren, die zur internationalen Spitzenklasse zählt.

1 Nimm jede Prüfung dreimal so wichtig, wie sie ist.

2 Träume immer davon, daß Du die Prüfung als Bester von allen bestehen wirst.

3 Erzähle auch der Putzfrau und dem Postboten ausführlich von Deiner Prüfung. Diese Leute haben ein Recht auf Dein Seelenleben.

4 Glaube nur denen, die Dir erzählen, wie furchtbar schwer die Prüfung sei, die Du ablegen mußt.

5 Erzähle allen, Du schaffst es doch nicht, und glaube vor allem manchmal selbst daran.

6 Beginne mindestens 6 Wochen vorher, mit leidender Miene herumzulaufen. Schließlich muß man sich rechtzeitig auf einen solchen Anlaß vorbereiten.

7 Schiebe dagegen das Lernen möglichst lange hinaus. Drei Tage vorher ist auch noch Zeit.

8 Rauche vor der Prüfung 40 Zigaretten am Tag, trinke mindestens acht Tassen Kaffee und lutsche Beruhigungstabletten. So kommt man in die richtige Stimmung.

9 Vergiß auch Deine lächerliche, normale Lebensweise. Lerne bis Mitternacht, wenn es Dich sonst schon um acht Uhr ins Bett zieht. Zwinge Dich mit eisernem Willen um sieben Uhr in die Federn, wenn Du normalerweise erst um elf Uhr munter wie ein Fisch bist.

10 Laß Dir von Deinen Mitmenschen so oft wie irgend möglich bestätigen, wie bedauernswert und schrecklich Deine Lage ist.

Befolgt man diese Ratschläge, erlebt man vor der nächsten Prüfung sicher mehr an Nervenkitzel und Spannung als bei sämtlichen deutschen Kriminalfilmen und Fernsehkrimis zusammen.

Kummerkasten

Frau Dr. Hiller
beantwortet Ihre Anfragen

Prüfungs- angst

Leserin: *Mein Problem heißt Prüfungsangst. Dabei weiß ich gar nicht, wovor ich mich fürchte. Meine Eltern trösten mich sogar bei jeder schlechten Note (übrigens habe ich noch nie eine Fünf geschrieben). Aber eigentlich ist das nicht mein einziges Problem. Ich lerne fürchterlich viel. Das hängt natürlich hauptsächlich mit der Prüfungsangst zusammen, zu allem Unglück aber bin ich auch noch ehrgeizig. Ich will in der Schule unbedingt gut sein. Und wenn ich mal schlechter abgeschnitten habe, als ich mir erhofft hatte, dann geht es los: Depressionen und Prüfungsangst. Was soll ich nur tun, daß dies aufhört?*

1. Hatten Sie auch schon einmal Prüfungsangst?

Wie haben Sie sich da verhalten? Was haben Sie dagegen getan?

2. Unterhalten Sie sich in kleinen Gruppen (3–4 Personen) darüber, was man am besten gegen Prüfungsangst tun kann.

Schreiben Sie zu jeder der 10 Regeln eine „Gegenregel".

3. Schreiben Sie zusammen eine Antwort auf den Leserbrief.

Manchmal wünscht man sich drei Köpfe
Wie man für Prüfungen lernt, ohne dabei auch noch den einzigen zu verlieren.

Bevor man sich vernünftig mit Prüfungen beschäftigt, muß man sich eine Tatsache klarmachen: Prüfungen werden vorher entschieden, jedenfalls zu 90%. Nur alle Jubeljahre einmal fällt eine Prüfung erheblich besser aus, als ihre Vorbereitungen waren.

Nun kann man die Qualität von Vorbereitungen nicht einfach an den Arbeitsstunden messen. Sechs Wochen Lernen können zum Fenster hinausgeworfen sein, wenn man es ungeschickt anstellt. Und ein oder zwei Stunden können genügen, wenn man klug ist und das Richtige tut.

Voraussetzung ist allerdings, daß man das Köpfchen ausreichend gebraucht, und vor allem rechtzeitig. Und damit sind wir schon beim ersten, was man sich überlegen muß:

Rechtzeitig anfangen.

Je früher man anfängt, um so besser. Natürlich darf man hier nicht übertreiben, aber die Gefahr ist sicher gering. Normalerweise fängt man immer viel zu spät an, was man drei Tage vor der Prüfung selbst beklagt (dann allerdings kommt die Erkenntnis etwas spät). Vor jeder Prüfung überlegt man sich deswegen:

1. Was wird in der Prüfung verlangt?
2. Was kann ich davon bereits?
3. Wieviel Wissen fehlt mir also noch?
4. Was will und kann ich davon noch lernen?

Hat man sich das ohne Illusionen und ohne falschen Pessimismus gefragt, dann berechnet man möglichst objektiv, wie lange man braucht, um zu lernen.
Und die dabei erhaltene Zeit verdoppelt man nun. Warum verdoppeln?
Man unterschätzt den Arbeitsaufwand stets erheblich.
Außerdem braucht man unbedingt eine Sicherheitsreserve, weil immer etwas dazwischen kommt.

Auch soll man vor Prüfungen nicht im höchsten Tempo lernen; womöglich 11 Stunden täglich, denn das ruiniert die Nerven so, daß man das Wissen gar nicht mehr anbringen kann.

Und schließlich muß man vor Prüfungen nicht nur rechtzeitig anfangen, sondern auch

Rechtzeitig aufhören.

Das Hervorholen von Wissen wird gestört durch Lernprozesse, die kurz vorher stattfanden. Diese Störung kann erheblich sein.

Lernt man z. B. fünf Minuten vor einer Prüfung noch etwas, oder versucht es wenigstens, so kann es vorkommen, daß man in der Prüfung praktisch gar nichts mehr weiß von dem Stoff, den man doch schon einmal völlig beherrscht hat. Das Gehirn ist in dieser Zeit nämlich mit dem Verdauen des Gelernten völlig ausgelastet.

Je näher eine Prüfung kommt, um so weiter weg muß man deshalb das Lernmaterial verbannen.

Eiserne Regel für alle schriftlichen Prüfungen (und natürlich auch für größere mündliche) ist deshalb: am Tag der Prüfung wird kein Buch mehr angerührt!

Bei größeren Prüfungen sollte man auch am Tag davor nichts mehr tun. Und je bedeutender sie sind und je größer der Wissensstoff, um so früher sollte man mit dem Lernen aufhören.
Dieses Aufhören erfordert natürlich eine gewisse Überwindung. Kurz davor fallen einem ja immer noch so viele Dinge ein, die man unbedingt lernen müßte. Das ist Unsinn. Dieses Lernen in letzter Minute bringt nicht nur kaum etwas ein, weil man schon zu nervös ist; es ist auch meist gar nicht mehr so wichtig, wie man sich in seiner Aufregung einbildet. Aber vor allem schadet es viel mehr als es nützt.
Kurz vor der Prüfung gibt es nur noch eine Tätigkeit, die sinnvoll ist: Nervenkosmetik.
Es gibt übrigens ein wirksames Mittel, zu verhindern, daß einem am letzten Abend einfällt, was man eigentlich alles noch zu lernen hätte. Man muß sich rechtzeitig fragen:

Was wird verlangt?

Diese Frage, wird sie rechtzeitig gestellt und vollständig beantwortet, spart später am meisten Zeit. Und Nerven außerdem, was vielleicht noch wichtiger ist. So genau wie nur irgend möglich muß man vorher feststellen, welche Anforderungen in der Prüfung gestellt werden, welcher Stoff verlangt wird, welcher nicht, in welcher Form geprüft wird, wieviel Zeit zur Verfügung steht, welche Hilfsmittel benutzt werden dürfen usw.

---

1. Vergleichen Sie diese Ratschläge mit Ihren Regeln.

An welche Ratschläge hatten Sie noch nicht gedacht?

2. Warum ist es falsch, bis zuletzt vor einer Prüfung zu lernen und zu wiederholen?

Der Kampf um Sein oder Nichtsein

Mit ungewöhnlichen
Methoden werben viele
Schulen um den Nachwuchs.
Denn nach dem Lehrer-
mangel der siebziger
Jahre gibt es jetzt zuwenig
Schüler – Folge des
»Pillenknicks«

Schach, Töpfern, Gitarre und Tennis – was wie ein Urlaubs-Programm klingt, ist in Wirklichkeit Werbung um Schüler. Quer durch die Bundesrepublik kämpfen die weiterführenden Schulen mit »Lockangeboten« um den Nachwuchs. Fehlten den Schulen in den sechziger Jahren Lehrer und in den siebzigern Schulräume, so fehlen ihnen in den achtziger Jahren Schüler. Nur die Oberstufen der Gymnasien und die Berufsschulen können noch von einem Schülerberg reden. In den Klassen fünf bis zehn geht es dagegen mit den Schülerzahlen steil bergab.

Allein mit Computerkursen auf dem Stundenplan läßt sich noch kein Schüler für eine bestimmte Schule gewinnen. Eher schon mit einem Bauernhof auf der Schwäbischen Alb, wie ihn der Förderverein einer Tübinger Schule erworben hat. Wer erst einmal seine künftigen Lehrer testen will, der kann in Köln und auch an anderen Orten »Probeunterricht« nehmen.

Aus Angst vor der Schließung der Schule wurden an der Hamburger Gesamtschule Farmsen-Berne sogar schon »Phantomschüler« registriert: In Anmeldelisten tauchten Hauptschüler auf, die es gar nicht gab. Für diese Schule ging es um »Sein oder Nichtsein«, weil die Schulbehörde sie schließen wollte, wenn nicht mindestens 70 neue Schüler angemeldet wurden. »Vor dem Beginn eines neuen Schuljahres kommt das große Zittern. Jeden Tag fragt man sich: Wie viele Anmeldungen sind es heute gewesen?« berichtet ein Lehrer der Hamburger Gesamtschule Meerweinstraße.

Im Bundesland Niedersachsen ist die Schülerzahl in den letzten zehn Jahren um 27 Prozent zurückgegangen. So wurde es möglich, daß dort seit 1980 der Typ der alten Dorfschule wieder auflebte, in der eine Lehrerin oder ein Lehrer Schüler aus mehreren Jahrgängen gleichzeitig in einem Klassenraum unterrichtet.

»Bis 1990 nimmt die Schülerzahl so stark ab, daß 3000 Lehrer überflüssig sind«, sagt Egon Mayer, Sprecher des Berliner Schulsenats. Die Kultusminister stehen vor dem Problem, einen Lehrerberg abbauen zu müssen. In Schleswig-Holstein etwa rät die Schulbehörde den Lehrern, durch Teilzeitarbeit neue Beschäftigungsmöglichkeiten für junge Kollegen zu schaffen. In Bayern waren ähnliche Bitten erfolgreich: Die Zahl der Lehrer, die Teilzeitbeschäftigung beantragten, verdoppelte sich beinahe. Berlin sucht einen anderen Weg: Hier sollen sich die Lehrer weiterbilden und so, durch den Besuch von Kursen, zeitweise dem Schulunterricht fernbleiben.

Das einzige, was die Kultusminister zur Zeit ein bißchen trösten kann: Immer weniger Abiturienten wollen Lehrer werden.

Anne-Katrin Einfeldt

Erwartete Schülerzahlen 1985–2012

	Primarbereich	Sekundarbereich 1	Sekundarbereich 2
1985	2,3	3,9	3,3
1990	2,3	3,2	2,4
1995	2,4	3,3	2,1
2000	2,4	3,4	2,1
2005	2,1	3,3	2,1
2010	1,8	2,9	2,1

Schülerzahlen in Millionen
Primarbereich: 7–10 Jahre
Sekundarbereich 1: 11–14 Jahre
Sekundarbereich 2: 15–19 Jahre

Quelle: Statistische Veröffentlichung der Kultusministerkonferenz Nr. 99, Dezember 1986

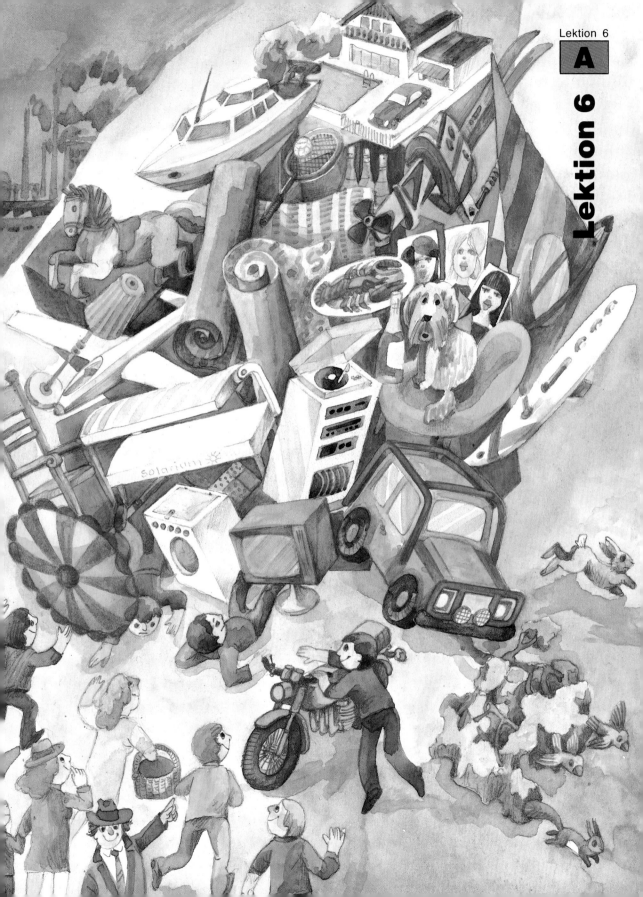

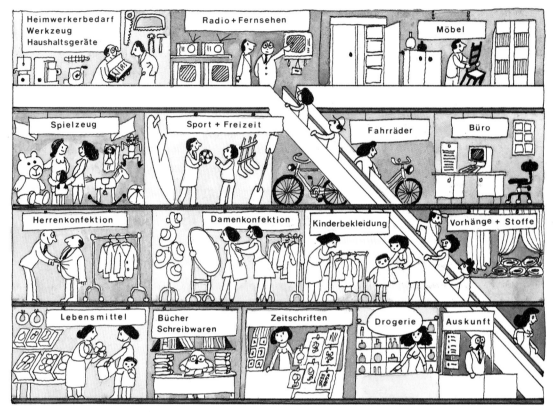

1. Was brauchen Sie?

Was kaufen Sie jeden Tag?
Was jede Woche/jeden Monat/
jedes Jahr?
Was brauchen Sie nur alle fünf oder
zehn Jahre kaufen?
Was haben Sie noch nie gekauft?
Würden Sie gern einmal etwas kau-
fen, obwohl Sie es nicht brauchen?
Was zum Beispiel?
Kaufen Sie auch wirklich manch-
mal etwas, obwohl Sie es eigentlich
nicht benötigen? Können Sie ein
Beispiel geben?
Gibt es auch Einkäufe, die Sie
ungern machen?
Was zum Beispiel?

2. In welcher Abteilung bekommen Sie diese Artikel?

Nadel für Plattenspieler   Taschentücher

Briefpapier   Kalender   haltbare Milch

Schere

Gardinen   Tonbänder

Birne für Schreibtischlampe

Stecker und Kabel

Kartenspiel

Stoff für neues Kleid   Vitaminpillen   Zange

Nägel   Margarine

Kleiderhaken für Garderobe

Einkaufen: Damals und heute

1. „Früher war alles besser".

> Früher konnte man ...
>
> Die Verkäufer auf einem Markt mußten immer ...

> Heute kann man dafür ...
>
> Ich finde, die Werbung war früher ...

> In einem Fachgeschäft hat man zwar mehr ..., aber ...

2. Wo kaufen Sie am liebsten ein?

Auf dem Markt,
Im Fachgeschäft,
Im Kaufhaus,
Bei einem Hausierer,
Im Supermarkt,
Per Katalog von
einem Versandhaus,
Im Tante-Emma-Laden,
In der Ladenstraße in
einer Fußgängerzone,

weil ...
denn ...
... nämlich ...

zurücklegen lassen   Qualität   Fachleute
große Auswahl   Preise vergleichen   Garantie
Markenartikel   alles unter einem Dach   frisch
gute Beratung   holen, was man schnell braucht
gleich um die Ecke   nicht so viele Leute
in Ruhe zu Hause aussuchen   sich beraten lassen
keine Parkplatzprobleme   passende Ersatzteile
zurückschicken, was einem nicht gefällt   billiger
Schaufenster ansehen   auf Kredit einkaufen

P. 140, 1

Ein Gang durch den Supermarkt

Damit Sie nicht in Fallen fallen!

Es ist ja so angenehm, im Supermarkt zu kaufen. Da hat man alles zusammen, was man braucht, einiges sogar recht preisgünstig. Ein bequemes Einkaufen also. Wirklich so bequem? Beobachten Sie einmal aufmerksam, wie die Waren verteilt sind. Da werden Sie leicht bemerken, daß alles, was Sie kaufen müssen, wie z.B. Brot, Mehl, Margarine, Zucker usw. in den untersten Regalreihen zu finden ist. Sie müssen fleißig in die Knie gehen, wenn Sie diese Lebensmittel finden wollen. So bequem ist das also gar nicht. Dafür stehen verlockende Angebote in Augenhöhe, Angebote, die Sie nicht nur sehen, sondern auch kaufen sollen. Verkaufsfachleute haben festgestellt, daß der gleiche Artikel je nach Plazierung unterschiedlich gekauft wurde:
- 100mal in Höhe der Augen,
- 70mal in Bauchhöhe,
- 30mal in Kniehöhe.
Daher haben diese klugen Verkaufsspezialisten das, was Sie unbedingt kaufen müssen, in Kniehöhe gestellt, gleichzeitig aber auch all die schönen Sachen, die Kindern so gut gefallen.

Überhaupt gibt es an Ihrem Kaufverhalten fast nichts, was nicht schon untersucht wurde. Und nach den Ergebnissen dieser Tests sind die Supermärkte eingerichtet.

So haben die meisten Menschen einen Rechtsdrall, das heißt, sie drehen sich zuerst nach rechts und greifen entsprechend auch zuerst nach rechts. Also wird an der rechten Regalseite die Ware aufgebaut, die für den Händler die größten Gewinne bedeutet.

Und: Haben Sie schon mal einen Selbstbedienungsladen gesehen, in dem die frischen Nahrungsmittel, Fleisch, Gemüse, Äpfel und Birnen, Milch und Sahne, gleich neben dem Eingang stehen? Nein! Fleisch wird im hinteren Teil des Ladens angeboten. Gemüse und Obst kurz vor der Kasse. So ist man gezwungen, auf seinem Weg zur frischen Ware an vielen schönen Artikeln vorbeizugehen.

Wissen Sie, daß Sie innerhalb von zehn bis zwölf Minuten an etwa 1500 Artikeln vorbeigeführt werden? Wissen Sie auch, daß Ihr Weg zur frischen Ware öfter unterbrochen wird? Zum Beispiel durch Informationen aus dem Lautsprecher, Schilder und Sonderangebote. Große Warenmengen auf Wühltischen sollen den Eindruck machen, daß hier mit den Preisen besonders scharf gerechnet wurde und es sich darum nicht lohnt, die Waren ordentlich ins Regal zu packen. Lose Waren, scheinbare Unordnung, raffinierte Verpackung und absichtlich offen gelassene Flächen sollen einen dazu verführen, eine Ware in die Hand zu nehmen. Und Verkaufspsychologen wissen, daß jede zweite angefaßte Ware in die Einkaufstasche wandert.

Sonderangebote werden nicht immer getrennt angeboten, sondern manchmal zwischen den gleichen Waren versteckt. Und manchmal wird das Sonderangebot sogar an anderer Stelle teurer verkauft.

Sind Superpreise wirklich super? Große Preisschilder, durchgestrichene Preise sollen Sie zum Kaufen überreden. Jedoch kann es in demselben Supermarkt die gleiche Ware zu unterschiedlichen Preisen geben. So findet man verschiedene Marken derselben Qualität, aber in anderer Verpackung.

Lange Warteschlangen an der Kasse? Für den Verkäufer sind sie kein Problem, sondern eher wünschenswert. Beim Warten fällt Ihr Blick auf Zeitschriften, Taschenbücher, Zigaretten, Tafeln Schokolade, Getränke – und nicht zu vergessen: Eis. Das steht ganz nahe bei der Kasse, damit die lieben Kinder mit Eis so schön beruhigt werden können.

P. 140, 2
P. 141, 3
P. 143, 7
P. 143, 8

1. Fassen Sie zusammen:

a) Wie ist ein Supermarkt aufgebaut?
b) Welche bekannten Verhaltensweisen der Verbraucher spielen bei der Aufstellung der Waren eine Rolle?

2. Schreiben Sie zusammen mit Ihrem Nachbarn oder in Gruppen einen kleinen Ratgeber:

„Die 10 goldenen Regeln für den Gang durch den Supermarkt".
Vergleichen Sie Ihre Ergebnisse und diskutieren Sie sie.

3. **Vor dem Einkauf und beim Einkauf. Ergänzen Sie die Nomen (eventuell auch im Plural), und ordnen Sie die Dialogteile.**

Scheibe Tafel Schachtel Stück
Tube

	A	B	C	D	E

A | Bitte probieren Sie ein _____ Schokolade. Die ist heute im Sonderangebot.

B | Dann hätte ich gern noch ein halbes Pfund Wurst. Bitte nicht zu fein schneiden!

C | Wir brauchen neue Zahnpasta: die _____ ist fast leer.

D | Geben Sie mir bitte einen Taschenkalender und 2 _____ Streichhölzer.

E | Was für Brot soll ich mitbringen?

1 | Das bekommen Sie nebenan im Kiosk. Wir verkaufen nur Zeitschriften.

2 | Schwarzbrot bitte, am besten schon geschnitten. Wenn ich es selbst mit der Hand schneide, werden die _____ immer so dick.

3 | Ja, die schmeckt gut. Was kostet eine _____?

4 | Und Seife zum Händewaschen brauchen wir auch. Wieviel _____ soll ich mitbringen?

5 | Das sind jetzt 240 Gramm. Ist das genug oder soll ich noch eine _____ dazu tun?

4. **Was paßt wo? Ergänzen Sie.**

Schild Stecker Selbstbedienungsladen Stoff Marke Kasse Parkplatz Zeitschrift
Werbung Nadel Garderobe Verbraucher Tonband

a) Texte, Plakate, kurze Fernseh- und Radiosendungen, die dazu dienen, bestimmte Waren besser zu verkaufen: _____

b) Kann man kaufen, wo es auch Illustrierte und Zeitungen gibt: _____

c) Kommt in die Steckdose, wenn man ein elektrisches Gerät einschalten will: _____

d) Geschäft, in dem man sich die Waren selbst aus den Regalen nimmt: _____

e) Fachwort aus der Wirtschaft für ‚Käufer von Waren‘. Das Wort ‚Kunde‘ bedeutet ungefähr das gleiche: _____

f) Darauf kann man Musik festhalten und dann immer wieder anhören: _____

g) Material, aus dem Kleidungsstücke genäht werden: _____

h) Gibt es z. B. für Namen an Wohnungstüren, für Warenpreise und für Hinweise im Straßenverkehr: _____

i) Ort, an dem man sein Auto abstellen kann: _____

j) Braucht man zum Nähen und (in etwas anderer Form) als Teil eines Plattenspielers: _____

k) Der Name, den ein Hersteller seinen Waren gibt: _____

l) Dort bezahlt man die Waren, die man haben möchte: _____

m) Dort kann man Jacken und Mäntel aufhängen: _____

Sonnenbrille

Bahnreisen

Damenbekleidung

Nachthemd Socken

Bankkredit

Modelleisenbahn

Unterwäsche

Tiefkühlkost

Klopapier Limonade

Buch Shampoo

Glücksspiel Jeans

Hautcreme Auto

Bier Flugreisen

Heiratsvermittlung

Zigaretten

Versicherungen

Rasierwasser Video

Möbel Schlafmittel

Medikament Motor-rad

1. Wofür wird geworben?

> „Das Ursprüngliche..." – vielleicht Bio-Kost?

> Ich glaube, ich weiß, was ...

> „Care – Man geht nicht mehr ohne." Hut? Schuhe? Sonnenschirm?

P. 142, 6

| Ich | nehme an, vermute, kann mir vorstellen, | das ist ... Das | könnte dürfte wohl muß | eine Werbung für ... sein. |

Ob das vielleicht
Ich frage mich, ob das nicht | eine Anzeige für ... ist?

| Das ist | bestimmt vermutlich möglicherweise | eine Anzeige für ... | Das glaube ich nicht; ich vermute eher ... Bestimmt nicht! Auf keinen Fall! Das muß etwas anderes sein! |

2. Welche Werbung verspricht...

... Geld?   ... Spaß?   ... Qualität?
... Erfolg?   ... Zufriedenheit? ... Schönheit?
... Sicherheit?   ... Eleganz?   ... Klasse?

3. Durch welche Werbung fühlen Sie sich angesprochen?

Welche Sätze machen Sie neugierig? Welche finden Sie übertrieben, welche halten Sie für leere Behauptungen? Gibt es hier Sätze, über die Sie sich ärgern?

4. Wiederholen Sie Wortschatz zum Thema ‚Essen und Trinken'. Was paßt wo?

> Brötchen – Käse – Apfel – Eis – Nudeln – Öl – Birne – Wurst – Zucker – Salz –
> Tomate – Paprika – Margarine – Kuchen – Tee – Wein – Mehl – Zwiebel – Kaffee –
> Brot – Fleisch – Sahne – Bier – Reis – Kartoffel – Butter – Zitrone

a) Obst   b) Gemüse   c) Fette   d) Getränke

...   .

e) Milchprodukte   f) aus der Metzgerei   g) haltbare Lebensmittel   h) aus der Bäckerei

...   .

5. Was können Sie auch sagen?

a) *Das könnte eine Werbung für Bier sein.*
   - Ⓐ Das ist wahrscheinlich eine Werbung für Bier.
   - Ⓑ Das ist ohne Zweifel eine Werbung für Bier.
   - Ⓒ Das ist wirklich eine Werbung für Bier.

b) *Das muß eine Heiratsanzeige sein.*
   - Ⓐ Das ist anscheinend eine Heiratsanzeige.
   - Ⓑ Das ist vielleicht eine Heiratsanzeige.
   - Ⓒ Das ist bestimmt eine Heiratsanzeige.

c) *Das dürfte eine Anzeige einer Bank sein.*
   - Ⓐ Das ist auf jeden Fall eine Anzeige einer Bank.
   - Ⓑ Das ist anscheinend eine Anzeige einer Bank.
   - Ⓒ Das ist tatsächlich eine Anzeige einer Bank.

d) *Ich vermute, das ist eine Motorradanzeige.*
   - Ⓐ Das ist wohl eine Motorradanzeige.
   - Ⓑ Das ist mit Sicherheit eine Motorradanzeige.
   - Ⓒ Das ist ganz bestimmt eine Motorradanzeige.

e) *Das soll eine Autowerbung sein.*
   - Ⓐ Das ist anscheinend eine Autowerbung.
   - Ⓑ Das ist sicher eine Autowerbung.
   - Ⓒ Das ist angeblich eine Autowerbung.

f) *Herr Fitzpatrick soll zum Schalter Nr. 6 gehen.*
   - Ⓐ Man empfiehlt Herrn Fitzpatrick, zum Schalter Nr. 6 zu gehen.
   - Ⓑ Man fordert Herrn Fitzpatrick auf, zum Schalter Nr. 6 zu gehen.
   - Ⓒ Man zwingt Herrn Fitzpatrick, zum Schalter Nr. 6 zu gehen.

g) *Das ist wirklich/tatsächlich eine Werbung für Margarine.*
   - Ⓐ Das ist ohne Zweifel/auf jeden Fall eine Werbung für Margarine.
   - Ⓑ Das ist wahrscheinlich/vielleicht eine Werbung für Margarine.
   - Ⓒ Das dürfte eine Werbung für Margarine sein.

h) *Ich nehme an, daß das eine Werbung für Spielzeug ist.*
   - Ⓐ Ich weiß, daß das eine Werbung für Spielzeug ist.
   - Ⓑ Ich zweifle, daß das eine Werbung für Spielzeug ist.
   - Ⓒ Ich vermute, daß das eine Werbung für Spielzeug ist.

6. Ergänzen Sie.

Scheck Vertrauen Verlust Polizei Bargeld Summe Scheckkarte Not Eindruck Fall
Knöpfe Beschreibung Unterschrift Pillen Zinsen Überweisung Schere Regel Vertreter Schulden

a) Weil ich die _____ nicht verstanden habe, kann ich das Gerät nicht bedienen.
b) Das Formular ist richtig ausgefüllt, aber hier fehlt noch Ihre _____.
c) Diesen Vertrag werde ich auf keinen _____ unterschreiben!
d) An meiner Wolljacke fehlen zwei _____.
e) Hast du eine _____, damit ich mir den Bart schneiden kann?
f) Wenn man in _____ ist, ist selten ein Polizist in der Nähe.
g) Wenn er den _____ der Tasche sofort gemerkt hätte, hätte er sie wiederbekommen.
h) Bei ganz kleinen Unfällen muß man nicht die _____ rufen.
i) Heute war ein _____ da, der mir unbedingt eine Versicherung verkaufen wollte.
j) In der _____ gehe ich früh schlafen, aber manchmal wird es auch später.
k) Meinem Kollegen erzähle ich keine persönlichen Dinge; ich habe kein _____ zu ihm.
l) Ich brauche einen Kredit; welche _____ genau, weiß ich allerdings noch nicht.
m) Ein Scheck ist nur zusammen mit einer _____ gültig.
n) Hier können Sie nur mit _____ bezahlen; Schecks nehmen wir nicht.
o) Mein Freund hat zwei Nebenjobs, damit er seine _____ bezahlen kann.
p) Wieviel _____ bezahlst du jeden Monat für den Bankkredit?
q) Mit einem _____ oder einer _____ kann man bargeldlos bezahlen.
r) _____ und andere Medikamente kann man in der Bundesrepublik nicht in Supermärkten kaufen, sondern nur in Apotheken.
s) In den Supermärkten soll man durch große Preisschilder den _____ bekommen, daß
   alles billig ist.

7. ‚Geben + Nomen'. Ergänzen Sie.

einen Rat geben Auskunft geben die Hand geben Bescheid geben
einen Auftrag geben ein Zeichen geben eine Antwort geben die Möglichkeit geben

a) ○ Durch das Gewitter sind zwei Fenster in meiner Wohnung kaputtgegangen; morgen
   werden sie repariert.
   □ Welcher Firma hast du den _____?
b) ○ Hast du den Meister gefragt, ob du zwei Tage Urlaub bekommen kannst?
   □ Ja, aber er hat mir noch keine endgültige _____.
c) ○ Besuchen Sie das Schwimmbad heute zum ersten Mal?
   □ Ja. Können Sie mir bitte _____, wo die Duschen und die Toiletten sind?
d) ○ Schau mal, da vorne winkt ein Polizist.
   □ Glaubst du, daß er uns _____ will?
e) ○ Seit ein paar Wochen schlafe ich sehr schlecht.
   □ Da kann ich dir einen guten _____: Eine halbe Stunde bevor du ins Bett
   gehst, trinkst du noch ein Glas warme Milch.

f) ○ Wann wird der Kühlschrank geliefert?

    □ In den nächsten Tagen. Wir _____ Ihnen vorher telefonisch _____ .

g) ○ Wie haben dich die Eltern deiner neuen Freundin begrüßt?

    □ Sehr herzlich! Ich wollte ihnen _____ , aber sie haben mich gleich geküßt.

h) ○ Es tut mir leid, daß du die Prüfung nicht bestanden hast!

    □ Ich habe noch eine Chance. Mein Chef hat mir _____ , die Prüfung in drei Wochen zu wiederholen.

8. ‚Sein + Nomen'. Ergänzen Sie.

> in Aufregung sein   in der Ausbildung sein   im Bau sein   in Betrieb sein
> in Bewegung sein   in der Diskussion sein   in Eile sein   in Freiheit sein
> im Interesse sein   im Kontakt sein   in Lebensgefahr sein   in Not sein
> in Schwierigkeiten sein   in Sicherheit sein   in Sorge sein   im Zweifel sein

a) Die Firma _ist in_ wirtschaftlichen Schwierigkeiten. Hoffentlich muß niemand entlassen werden.

b) Meine Eltern und ich _____ immer _____ . Wir schreiben uns Briefe und telefonieren mindestens einmal pro Woche.

c) Die U-Bahn _____ noch _____ . Nächstes Jahr im Herbst soll sie fertig sein.

d) Die Feuerwehr hat die Kinder aus dem brennenden Haus geholt. Jetzt _____ zum Glück alle _____ .

e) Ich _____ _____ , ob ich den Bankkredit brauche. Vielleicht genügt es, wenn ich einen kleinen Nebenjob annehme.

f) Der Kopierapparat _____ wieder _____ . Heute früh ist er repariert worden.

g) Unsere Nachbarn _____ immer _____ um ihr neues Auto. Meistens steht es in der Garage, damit es nicht gestohlen werden kann.

h) Können wir uns später weiter unterhalten? Ich _____ gerade sehr _____ , weil ich noch zu meiner Bank gehen muß, und die schließt gleich.

i) Viele junge Leute, die noch _____ _____ , wohnen zu Hause. Sie suchen sich erst dann eine eigene Wohnung, wenn sie Geld verdienen.

j) Sicher hat dein Vermieter nichts dagegen, wenn du einen Ofen aufstellst. Das _____ doch auch _____ seinem _____ , wenn die Wohnung besser geheizt wird.

k) Nach dem Unfall _____ der Fahrer des Wagens drei Tage _____ . Jetzt geht es ihm schon viel besser.

l) Das ganze Dorf _____ _____ , weil der Staatspräsident zu Besuch kommt. Seit Tagen wird jedes Haus geputzt, und sogar die Kinder haben schulfrei.

m) Kinder _____ den ganzen Tag _____ . Erst wenn man älter wird, wird man faul, sitzt zu viel und fährt mit dem Auto, anstatt zu laufen.

n) Auch in den reichen Ländern gibt es noch viele Leute, die _____ _____ . Manchmal wissen sie allerdings auch nicht, daß sie staatliche Hilfe bekommen könnten.

o) Die Gewerkschaft hat sich noch nicht entschieden. Ob gestreikt werden soll oder nicht, _____ noch _____ .

p) Hat die Polizei den Mörder gefunden oder _____ er noch _____ ?

Anzeige

Der Mensch braucht alles, der Mensch braucht nichts. Der Mensch braucht Licht und Luft, Liebe, Gesundheit, Glück. Die Sonne.

Der Mensch braucht Geld. Viel Geld, wenig Geld, überhaupt kein Geld. Der Mensch braucht ein Hemd.

Eine Hose, eine Jacke, einen Pullover. Schuhe, Strümpfe. Einen Mantel.

Der Mensch braucht seine Arbeit, seine Ruhe, seine eigenen vier Wände.

Der Mensch braucht den Streit, das Chaos und den Frieden.

Der Mensch braucht Autos, dicke Autos, mittlere Autos,

Der Mensch braucht eine Geige, eine Flöte, einen Kontrabaß.

Der Mensch braucht Sex, die Liebe und die Eifersucht.

Der Mensch braucht Ansehen, Aussehen, Luxus. Theater, Opern, Konzerte, Dramen und die Achterbahn. Kino, Fußball und Pommes frites.

Der Mensch braucht sein Landgut, sein Schloß, sein Haus, sein Haus mit Garten, seine Wohnung, sein Zimmer, seine Kammer, seine Bude.

Mallorca, die Berge und das Steinhuder Meer.

Der Mensch braucht sich selbst, den Geliebten, den Vater, die Mutter, den Freund.
Die Kinder.

Hängelampe **FOTO** Metallschirm Ø 21 cm | **18.–**

Kochtopf **RONDO** Gußeisen 4 l | **70.–**

Kochmesser **DISTINKT** 31 cm | **17.–**

Nichts gegen Pelzmäntel:
"Wer an der richtigen Stelle einspart…

Nichts gegen Unsinn und Vergnügen:
…kann sich an anderer Stelle…

Was der Mensch so braucht.

kleine Autos. Zweisitzer, Viersitzer, Sechssitzer. Der Mensch braucht die U-Bahn, die Straßenbahn, den Omnibus.

Der Mensch braucht dringend Bücher. Wenigstens das Buch der Bücher. Und das Telefonbuch. Und den IKEA-Katalog. Der Mensch braucht eine Uhr. Die Normaluhr, die Standuhr, die Armbanduhr. Die Eieruhr.

Der Mensch braucht Radio, Video-Recorder, HiFi-Anlagen, Fernseher, Schallplatten.

Der Mensch braucht Messer, Gabel, Schere und Licht.

Der Mensch braucht die Karibik,

Bett **TANA** Kiefer massiv, klarlackbehandelt, 99 x 207 cm | **98.–**

Nichts gegen den Luxus:
…dies bißchen Luxus und Vergnügen leisten."

Wenn der Mensch ja so viel braucht, was kann IKEA Dir dann bieten? Nicht viel. Bitte umblättern.

1. Was unterscheidet diesen Anzeigentext von einem „normalen" Werbetext?

Überlegen Sie miteinander, welche der folgenden Aussagen diese Frage beantworten.
a) Der Text sagt nichts aus über das Produkt, für das geworben werden soll.
b) Der Text ist so geschrieben, daß er Vertrauen erweckt.
c) Der Text behauptet nicht, daß das Produkt besonders gut sei.
d) Der Text ist phantasievoll, es macht Spaß, ihn zu lesen.
e) Der Text kritisiert Werbung und Konsum.

2. Was haben sich die Leute wohl gedacht, die diese Anzeige gemacht haben?

a) Unsere Produkte kosten nicht viel. Wir müssen im Text den Leuten vor Augen halten, was sie mit dem ersparten Geld machen können.
b) Wir machen einen Text, der mit unseren Produkten gar nichts zu tun hat. Das fällt den Leuten besonders auf.
c) Wir zeigen, daß wir uns über das Leben viele Gedanken machen. Dann wird man auch unseren Produkten vertrauen.
d) Wir schreiben einen interessanten Text, der beim Lesen Spaß macht. Dann wird man auch unsere Produkte gern kaufen.
e) Unsere Produkte sind aus natürlichen Materialien hergestellt. Wir sprechen deshalb im Text über die Natur des Menschen.

Lebensstandard, volkswirtschaftliche Größe, mit der die Ausgaben privater Haushalte für den Kauf von Gütern bezeichnet werden. Der materielle L. ist i. d. R. abhängig vom Einkommen, über das private Haushalte verfügen. Als Wertvorstellung ist L. nicht meßbar und mit individuell unterschiedlichen Ansprüchen verbunden. So werden unter L. auch Bedingungen der Arbeit, sozialen Sicherheit, Bildung und Ausbildung, Freizeit usw. verstanden, womit sich der Begriff L. dem der → Lebensqualität annähert.

Lebensqualität, gesellschaftspolitische Zielvorstellung, die im Unterschied zum materiellen → Lebensstandard auch die weniger leicht meßbaren menschlichen Grundbedürfnisse berücksichtigt. Der in den 60er Jahren aus Kritik am Wirtschaftswachstum geprägte Begriff meinte zunächst vor allem Ziele wie Humanisierung der Arbeitswelt, Umweltschutz, Chancengleichheit und eine bessere → Infrastruktur, bezeichnet in den 80er Jahren aber meist die Summe der Lebensbedingungen innerhalb einer sozialen Einheit.

Für die Politik der 80er Jahre ist L. ein Schlüsselbegriff, der je nach politischem Standort unterschiedlich verwendet wird. Nach Einschätzung der Bundesbürger hat sich die L. in der BRD seit den 50er Jahren ständig verbessert. Umfragen über die individuelle Lebenszufriedenheit zeigten Anfang der 80er Jahre, daß die Bürger der BRD im privaten Bereich mit Ehe, Familie und Haushalt relativ zufrieden sind, sehr unzufrieden dagegen mit Umweltschutz und öffentlicher Sicherheit (der Fortschrittsglaube war 1982 nur noch bei 27% der Bürger anzutreffen, 1972: 60%).

1. Welche Dinge aus der Anzeige „Was der Mensch so braucht" gehören eher zum Lebensstandard, welche eher zur Lebensqualität?

Was gehört Ihrer Meinung nach noch dazu? Vergleichen Sie Ihre Ergebnisse im Kurs.

Lebensstandard	Lebensqualität
dickes Auto, Video-Recorder	Gesundheit, Glück

2. Was meinen Sie?

Womit kann man am besten zeigen, daß man sich einen hohen Lebensstandard leisten kann? Welche Dinge, die zum Lebensstandard gehören, erhöhen besonders die Lebensqualität?

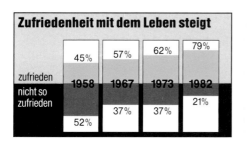

Zufriedenheit mit dem Leben steigt

	1958	1967	1973	1982
zufrieden	45%	57%	62%	79%
nicht so zufrieden	52%	37%	37%	21%

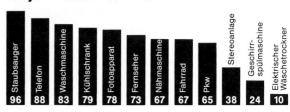

Von je 100 Haushalten besaßen 1983:

Staubsauger	Telefon	Waschmaschine	Kühlschrank	Fotoapparat	Fernseher	Nähmaschine	Fahrrad	Pkw	Stereoanlage	Geschirr-spülmaschine	Elektrischer Wäschetrockner
96	88	83	79	78	73	67	67	65	38	24	10

P. 141, 4

3. Gibt es hier Informationen, die für Sie überraschend sind?

Es ist kaum zu glauben, daß so viele...

Ich hätte erwartet, daß mehr Leute...

... das finde ich auch überraschend.

4. Wie ist es wohl zu erklären, daß die Lebenszufriedenheit der Bundesbürger in den letzten 30 Jahren immer weiter gestiegen ist?

Krieg   Sicherheit   Löhne   Arbeitsplatz   Zeit   Familie   Hobby

Armut und Wohlstand

Auch in der reichen Bundesrepublik Deutschland gibt es arme Menschen: Arbeitslose, alleingelassene Mütter, Rentner. Wenn das Arbeitslosengeld oder die Rente nicht zum Leben reicht oder wenn der geschiedene Mann seine Zahlungen nicht überweist, dann können diese Leute von der Sozialhilfe Geld bekommen.

Die Zahl der Haushalte, die regelmäßig Sozialhilfe brauchen, hat sich von 1978 bis 1983 verdoppelt: von rund 375000 auf 722000. Wieviel Not und oft Verzweiflung hinter diesen Zahlen steht, kann man sich gar nicht richtig vorstellen.

Die Normalbürger leben nicht luxuriös. Ein Arbeiter verdient brutto 2580 DM im Monat; eine Arbeiterin nur 1770 DM. Bei Angestellten und Beamten sieht es etwas besser aus: 3420 DM für einen Mann, 2200 DM für eine Frau. Aber wenn Steuern und Sozialabgaben vom Gehalt abgezogen worden sind, bleiben für eine Familie mit vier Personen nur noch 2830 DM übrig. Trotzdem: Die meisten sind zufrieden. Sie haben alles, was sie brauchen.

Über die Reichen gibt es wenig statistische Zahlen. Immerhin: Es gibt in der Bundesrepublik 67000 Millionäre, also Leute, deren Vermögen mehr als eine Million Mark beträgt. Es gibt sogar über 10000 »Einkommensmillionäre«, die also im Jahr mehr als eine Million verdienen. Im Jahr 1974 besaß 1% der Steuerpflichtigen 11,9% des Vermögens aller Steuerpflichtigen; von zehn Steuerpflichtigen besaß einer mehr als die übrigen neun zusammen. Und dabei haben gerade die Höchstverdiener viele Möglichkeiten, einen Teil ihrer Einkünfte steuerfrei zu halten.

5. Was steht im Text?

a) Die Armen werden immer ärmer.
b) Die Zahl der Armen nimmt zu.
c) Geschiedene Männer bekommen von der Sozialhilfe Geld.
d) Wegen der Sozialhilfe gibt es keine armen Leute.
e) Angestellte verdienen mehr als Arbeiter.
f) Die Männer verdienen im Durchschnitt mehr als die Frauen.
g) Vom Netto-Einkommen werden Steuern und Sozialabgaben abgezogen.
h) Ein Millionär ist jemand, der im Jahr mehr als eine Million verdient.
i) Wenige Leute besitzen den größten Teil des Vermögens.

Auf der Bank

1. Herr Fitzpatrick eröffnet ein Konto

A. Hören Sie das Gespräch.

B. Welche Aussagen stimmen?

a) Herr Fitzpatrick möchte ein Girokonto eröffnen.

b) Er möchte ein Sparkonto eröffnen.

c) Seine Staatsangehörigkeit ist irisch.

d) Er ist Praktikant in der BRD.

e) Er kriegt jeden Monat eine Überweisung von seinen Eltern.

f) Er kriegt ein Stipendium in Höhe von 1300 DM.

g) Er kriegt alle drei Monate einen Euroscheck.

h) Euroschecks sind nur zusammen mit der Scheckkarte gültig.

i) Die Scheckkarte wird sofort für Herrn Fitzpatrick ausgestellt.

j) Er bekommt seine Scheckkarte erst dann, wenn das erste Geld auf seinem Konto ist.

k) Er bekommt Bescheid, wenn er die Scheckkarte von der Bank abholen kann.

l) Mit den Euroschecks kann man auch Geld aus dem Automaten bekommen.

m) Für die Geldautomaten braucht man die Scheckkarte.

2. Frau Schachtner braucht Geld

A. Hören Sie das Gespräch.

B. Beantworten Sie die Fragen.

a) Wofür braucht Frau Schachtner einen Kredit?

b) Wieviel verdient sie im Monat netto?

c) Wieviel Prozent Zinsen pro Jahr verlangt die Bank für einen Kredit?

d) Die Bankangestellte schlägt Frau Schachtner zwei Möglichkeiten vor:
   1. Wieviel muß sie jeden Monat zurückzahlen, wenn sie den Kredit über 3 Jahre laufen läßt?
   2. Wieviel muß sie jeden Monat zurückzahlen, wenn die Laufzeit 4 Jahre beträgt?

e) Welche Kreditform wählt Frau Schachtner?

C. Rechnen Sie aus:

a) Wieviel Geld bleibt ihr monatlich übrig?

b) Sie bekommt 15 000 DM von der Bank; aber welche Summe muß sie tatsächlich zurückzahlen?

D. Was ist Ihre Meinung: Lohnt es sich, soviel Schulden zu machen, um ein neues Auto zu kaufen?

Wie bedienen Sie einen Geldautomaten?

Sehr geehrter Kunde,

mit einer gültigen eurocheque-Karte mit Magnetstreifen und Ihrer persönlichen Geheimzahl erhalten Sie Bargeld an allen ec-Geldautomaten im Bundesgebiet und in Berlin (West) – auch wenn die Bankschalter zu sind. Eine Beschreibung, wie diese Geräte zu bedienen sind, finden Sie auf dem Bildschirm. Grundsätzlich gilt für alle Typen von ec-Geldautomaten:

Falls der ec-Geldautomat in der Vorhalle eines Kreditinstituts installiert ist, ist Ihre ec-Karte mit Magnetstreifen auch der »Schlüssel« für die Eingangstür. Die Tür läßt sich öffnen, wenn Sie die Karte durch den »Führungsschlitz« ziehen.

Prüfen Sie, ob der ec-Geldautomat in Betrieb ist.

Stecken Sie Ihre ec-Karte, wie auf dem Automaten abgebildet, in den Karteneingabeschlitz. Achten Sie besonders darauf,

ob die ec-Karte mit der Bildseite nach oben oder nach unten einzuführen ist.

Die Sicherheitstür des Automaten öffnet sich, sobald Ihre Karte gelesen wurde.

Tippen Sie Ihre persönliche Geheimzahl ein, sobald der Automat »Bitte Geheimzahl eingeben« anzeigt.

Wählen Sie den gewünschten Betrag.

Beachten Sie die weiteren Beschreibungen auf dem Bildschirm. Bei manchen Automaten müssen Sie Ihre Eingaben bestätigen.

Nach kurzer Zeit werden Sie aufgefordert, Ihre ec-Karte aus dem Karteneingabeschlitz zu nehmen.

Erst nach einer kurzen Bearbeitungszeit wird Ihnen der gewünschte Bargeldbetrag ausgezahlt.

Wichtig: Teilen Sie den Verlust Ihrer ec-Karte sofort Ihrer Bank oder Sparkasse mit, um einen möglichen Mißbrauch auszuschließen!

P. 142, 5

ICH
bin kaufsüchtig

Ein Mann steht vor einem Schaufenster. Er spürt den Drang, alles zu kaufen, was ihm gerade gefällt. Diese Krankheit, Kaufsucht genannt, hat den Mann schon ruiniert.

»Jedesmal, wenn irgendwas Unangenehmes passierte, wenn ich frustriert war oder Probleme hatte, dann kaufte ich mir etwas Schönes«, sagt Wolfgang Eisner*, 40, und lächelt entschuldigend dabei. Diese Angewohnheit hat ihn krank gemacht: Wolfgang Eisner leidet unter Kaufsucht.

»Die Abstände zwischen meinen Kauf-Orgien wurden mit der Zeit immer kürzer. Ich verlor allmählich völlig die Kontrolle über mich und mein Kaufverhalten. Mein ganzes Leben, auch meine berufliche Existenz haben darunter gelitten. Ständig überlegte ich, was ich neu besitzen könnte«, erinnert er sich.

Heute geht er nur noch in Begleitung von Freunden in die Stadt, um einen Blick in die Schaufenster zu riskieren. Seit einem Jahr ist er in psychotherapeutischer Behandlung und hofft, in einer der wenigen Kliniken in der Bundesrepublik, die sich mit dieser Alltagssucht auskennen, einen Platz zu bekommen.

Viele können nicht verstehen, daß es so etwas gibt. Tabletten, Drogen und Alkohol, das sind bekannte und akzeptierte Süchte – aber Kaufen...? Doch in Amerika ist das eine längst bekannte Sucht, und auch bei uns werden immer mehr Ärzte und Kliniken darauf aufmerksam.

»Wie viele davon betroffen sind«, so Berthold Kilian vom Diakonischen Werk Frankfurt, »das läßt sich kaum feststellen. Darüber gibt es noch keine Untersuchungen. Denn diese Süchte erscheinen nur selten als Störung, weil diese Leute in unserer Gesellschaft kaum auffallen.« Dennoch: Hunderte sind schon in Behandlung. Aber Tausende leiden darunter.

So war es auch bei Wolfgang Eisner. Niemand hätte vermutet, daß mit diesem eher bescheiden wirkenden Mann etwas nicht stimmt. Erst als er 600000 Mark aus der Firmenkasse seines Arbeitgebers unterschlagen hatte, wurden Freunde und Kollegen aufmerksam. In seinem Haus hatte er so viele Bücher, Vasen und ähnliches, daß kaum noch Platz zum Leben blieb. Er besaß zehn Pelzmäntel, über 100 wertvolle Gemälde, 60 Papageien und unglaubliche Mengen von Porzellan. Jeden Monat brachte ihm die Post 40 Zeitschriften, die er abonniert hatte, ins Haus. Zum Lesen hatte er nie Zeit, er war immer mit Ordnen und Aufräumen beschäftigt.

Jetzt gehört ihm nichts mehr. Er lebt von dem Teil seiner Arbeitslosenhilfe, die ihm das Gericht nicht zum Bezahlen von Schulden pfänden kann. Seine kleine Wohnung ist schon wieder total überfüllt, »denn ich kann leere Räume nicht ertragen. Um mich herum muß immer alles vollgestellt sein. Da haben mir meine Eltern einiges geliehen. Wenn ich ein paar Mark übrig habe, kaufe ich Lebensmittel – nur damit die Schränke auch voll sind.«

Wann die Kauflust zur Kaufsucht wird – diese Grenze ist nur schwer zu bestimmen. Die wenigen Ärzte, die sich mit dieser Alltagssucht auskennen, bekämpfen sie meist damit, daß sie ihre Patienten von Geschäften fernhalten, was allerdings nur in einer Klinik möglich ist. Auf einen solchen Klinikplatz wartet jetzt auch Wolfgang Eisner. Vorher wird er aber noch einmal vor dem Richter stehen. Er hofft, daß sein erstes Urteil – drei Jahre Gefängnis – durch eine weniger strenge Strafe ersetzt wird.

---

*Name von der Redaktion geändert

Bediene Dich selbst

Die fünfziger Jahre in der Bundesrepublik

"Wohlstand für alle"

"Jetzt kommt das Wirtschaftswunder, jetzt kommt das Wirtschaftswunder! Der deutsche Bauch erholt sich auch und ist schon sehr viel runder", singt der Kabarettist Wolfgang Neuss im Berliner Kabarett "Die Stachelschweine". Die größte Not der Nachkriegszeit ist vorbei. Das Bruttosozialprodukt klettert steil nach oben. Die Zahl der Arbeitslosen nimmt ständig ab, seit 1955 herrscht Vollbeschäftigung. Die Kaufkraft der Bevölkerung steigt. Freßwelle, Möbelwelle, Reisewelle rollen über das Land. Automatische Waschmaschine, Kühlschrank, Moped, Fernsehapparat, Reihenhaus oder Bungalow auf eigenem Grund und Boden sind Beweise für den neuen Wohlstand. Die Zahl der Kraftfahrzeuge verdoppelt sich von 1954 bis 1957 auf fünf Millionen. Merkwürdig aussehende Typen gibt es darunter, den Messerschmidt-Kabinenroller mit drei Rädern etwa oder den BMW 600, wo zwei Fahrgäste rückwärts schauen müssen. Drinnen, in den Wohnungen, sieht es nicht weniger eigenwillig aus: Gefragt sind moderne, abstrakte Formen und blasse Farben.

---

1. Zu welchen Abschnitten des Textes gehören die Fotos?

a) „Jetzt kommt das Wirtschaftswunder…"   Fotos Nr. _____

b) Merkwürdig aussehende Typen…   Fotos Nr. _____

c) Die 50er Jahre sind der Beginn…   Fotos Nr. _____

d) Im sauberen und sterilen Klima…   Fotos Nr. _____

Typisch sind Möbel auf drei Beinen und wilde Muster auf den Tapeten, deren gewollte Beziehung zur modernen Kunst deutlich erkennbar ist.

Die 50er Jahre sind der Beginn des Plastik-Zeitalters. Die neuen Kunststoffe mit ihren phantasievollen Namen werden immer beliebter und erleichtern der Hausfrau die Arbeit: Das Sofa aus Sky-dur-Kunstleder, die Tischdecke aus Nylon, die vor dem Fenster blühenden Plastikblumen, die Vorhänge aus Acella, der Regenmantel aus Perlon sind abwaschbar. Und das Nyltest-Hemd des Ehemannes wird nur kalt gewaschen, zum Trocknen einfach auf den Kleiderbügel gehängt und nicht mehr gebügelt. Zwar riechen die Vorhänge unangenehm, sobald die Sonne etwas stärker scheint, und die Haut kann unter dem Nyltesthemd nicht atmen, so daß man schwitzt wie ein Pferd, aber es sitzt phantastisch.

Im sauberen und sterilen Klima jener Zeit wächst eine Jugend heran, die (noch) nicht an dem zweifelt, was die Eltern aufbauen. Der glatt rasierte und brav gekämmte junge Mann mit Anzug und Krawatte, der seine Partnerin mit Pettycoat zum Tanz ausführt, lehnt - wie die Mehrheit der Jugendlichen und Erwachsenen - die lauten "Halbstarken" ab, die bei der Musik von Elvis Presley und Bill Hailey Sessel von Kinos und Konzertsälen zu Bruch gehen lassen.

2. Beschreiben Sie Ihre Eindrücke zu den Fotos.

3. Was wissen Sie noch über die 50er Jahre?

Z. B. über Politiker, Filme und Filmstars, Autotypen, Musiker, Künstler, Literatur... aus der Bundesrepublik? ... aus Ihrem Land?

1960 Die wirtschaftliche Entwicklung der Bundesrepublik erlebt einen neuen Höhepunkt.
Tausende ausländischer Arbeitnehmer (»Gastarbeiter«) werden in die Bundesrepublik geholt.
Im Bundestag werden die »Notstandsgesetze« beraten, die die öffentliche Ordnung im Falle von Naturkatastrophen, politischen Unruhen u. ä. regeln sollen.

1961 Der sowjetische Kosmonaut Juri Gagarin startet als erster Mensch zu einem Weltraumflug.
In Berlin wird eine Mauer zwischen dem West- und dem Ostteil der Stadt gebaut.
Die Gewinne der Volkswagen-Werke in Wolfsburg wachsen, während die Borgward-Werke in Bremen wegen zu hoher Schulden Pleite machen.
Im Hamburger »Star-Club« tritt eine unbekannte englische Musikgruppe, die »Beatles«, auf.

1962 Im Schlaf werden die Bewohner der Bundesländer Schleswig-Holstein und Hamburg von einer Sturmflut überrascht: An der Küste sterben 312 Menschen; 4000 Stück Vieh ertrinken.
Die »Spiegel-Affäre«: Der Chefredakteur des Magazins »Der Spiegel« und sein Stellvertreter werden verhaftet, weil der »Spiegel« geheime Informationen aus dem Verteidigungsministerium veröffentlicht hat. Heftige Proteste in der Öffentlichkeit.

1963 Willy Brandt (SPD) wird Regierender Bürgermeister von Westberlin.
Das zweite deutsche Fernsehprogramm (ZDF) beginnt seine Sendungen.
US-Präsident Kennedy besucht die Bundesrepublik und Westberlin, wo er in einer Rede den berühmten Satz ausspricht: »Ich bin ein Berliner«.
Das erste deutsche Atomforschungszentrum wird in Jülich in Betrieb genommen.
Adenauer tritt zurück, Ludwig Erhard wird neuer Bundeskanzler.

POP, OP & APO: Die Sechziger

1964 Der millionste Gastarbeiter wird in der Bundesrepublik begrüßt.
Der Papst lehnt die Antibabypille, kurz »Pille« genannt, als Mittel der Geburtenkontrolle ab.
In den Straßen erscheinen die ersten Frauen im Minirock.

1965 Thema Nummer 1 in allen Illustrierten: Die britische Königin Elizabeth II. bei einem Staatsbesuch in der Bundesrepublik.
Der Bundestag stimmt über die »Notstandsgesetze« ab, aber die SPD stimmt dagegen, und die notwendige Mehrheit für eine Verfassungsänderung wird nicht erreicht.
Studentenverbände fordern eine nach ihrer Meinung längst fällige Reform von Universitäten und Schulen.
400 000 DM Schaden bei einem Konzert der »Rolling Stones« in Berlin.

1966 Unglücksserie bei Militärflugzeugen: der 60. »Starfighter« der deutschen Bundeswehr stürzt ab.
Die erste Wirtschaftskrise der jungen Bundesrepublik führt zum Bruch der Regierungskoalition von CDU/CSU und F.D.P.: Erhard tritt zurück, die F.D.P. geht in die Opposition, unter Bundeskanzler Kiesinger wird eine »Große Koalition« aus CDU/CSU und SPD gebildet. Brandt wird Außenminister.
Erstmals seit 1949 leichtes Ansteigen der Arbeitslosenzahl.
Protestdemonstrationen gegen den Krieg in Vietnam.

1967 Demonstrationen beim Besuch des Schah von Iran in Berlin. Als dabei ein Student von einem Polizeibeamten getötet wird, kommt es zu einer Protestwelle in der Bundesrepublik.
Start des Farbfernsehens in der Bundesrepublik.
Spektakuläre Erfolge der rechtsradikalen Partei NPD bei einigen Landtagswahlen.
Da die F.D.P. mit ihren 9,5% als parlamentarische Opposition fast bedeutungslos ist, begreifen sich die verschiedenen Protestbewegungen der Studenten immer mehr als die eigentliche, außerparlamentarische Opposition (APO) im Lande.

1969 »Ein Stück Machtwechsel«: Der SPD-Politiker Gustav Heinemann wird zum Bundespräsidenten gewählt.
Wirtschaftliche Erfolge der großen Koalition: Die Arbeitslosenquote sinkt auf 0,5 Prozent.
Die ersten Menschen landen auf dem Mond: Am 21. Juli bleiben Millionen wach, um die ersten Fernsehbilder der Amerikaner direkt vom Mond zu sehen.
»Ich nehme die Wahl an«: Willy Brandt wird nach den Bundestagswahlen Bundeskanzler einer Regierung aus SPD und F.D.P. Die »sozialliberale« Ära der Bundesrepublik beginnt.

1968 Attentat auf den Studentenführer Rudi Dutschke: Der führende Kopf der APO wird schwer verletzt. Daraufhin blutige Auseinandersetzungen zwischen Studenten und Polizei.
Orkanartiger Sturm in Süddeutschland: Allein in der Stadt Pforzheim sind 1000 Häuser zerstört oder stark beschädigt.
Die geänderte Fassung der »Notstandsgesetze« wird im Bundestag verabschiedet. Zehntausende demonstrieren, weil sie dadurch wichtige Grundrechte in Gefahr sehen.

P. 144, 1
P. 145, 2

1. Ordnen Sie die verschiedenen Ereignisse (stichwortartig) nach folgenden Überschriften:

Technischer Fortschritt – wirtschaftliche Entwicklung – Bürgerprotest – (Natur-)Katastrophen – kulturelle Ereignisse

2. Ordnen Sie die Fotos den Ereignissen zu.

Welche zusätzlichen Informationen geben die Fotos zu den 60er Jahren?

3. Was hat sich gegenüber den 50er Jahren verändert?

Was ist heute wieder anders geworden? Was ist ähnlich geblieben? Über welche Ereignisse würden Sie gern mehr wissen?

4. Was paßt wo? Ergänzen Sie die folgenden Sätzen mit den richtigen Verbformen.

> rasieren – schwitzen – abnehmen$_1$ – ändern – beschädigen – sitzen$_1$ – abnehmen$_2$ –
> stimmen – blühen – trocknen – atmen – landen – abnehmen$_3$ – sitzen$_2$

a) Nach 1949 _____ die Zahl der Arbeitslosen schnell _____.

b) Nachdem es _____ worden war, _____ die SPD für das Gesetz.

c) In Hemden aus Nylon kann die Haut nicht _____, deshalb _____ man in solchen Hemden sehr leicht.

d) Durch den Sturm wurden sehr viele Häuser _____.

e) Auf dem Mond wachsen und _____ keine Pflanzen.

f) Am 21. Juli 1969 _____ die ersten Menschen auf dem Mond.

g) Kurt _____ sich nicht mehr, weil er gerne einen Bart haben möchte.

h) Die Hose paßt ihr sehr gut. Sie _____ ausgezeichnet.

i) Du kannst die Sonnenbrille _____. Die Sonne scheint doch nicht mehr.

j) Kleidung aus Kunststoffen muß man nur waschen und _____, aber nicht bügeln.

k) Auf den neuen Stühlen _____ man recht bequem.

l) Meine Hosen sind mir zu eng. Ich muß unbedingt zwei Kilo _____.

5. Ergänzen Sie die richtigen Endungen der Adjektive.

a) 1955 ist die größt_____ ① Not der Nachkriegszeit vorbei.

b) Automatisch_____ ① Waschmaschine, elektrisch_____ ② Kühlschrank, einfach_____ ③ Moped, neu_____ ④ Fernsehapparat, gemütlich_____ ⑤ Reihenhaus auf eigen_____ ⑥ Grund und Boden sind die Beweise für neu_____ ⑦ Wohlstand.

c) In den Wohnungen sind modern_____ ① Formen bei den Möbeln und blass_____ ② Farben auf Tapeten und Vorhängen gefragt.

d) Die neu_____ ① Kunststoffe mit ihren künstlich_____ ② Namen werden immer beliebter.

e) Das abwaschbar_____ ① Sofa mit Kunstleder, die abwaschbar_____ ② Tischdecke aus Nylon, die abwaschbar_____ ③ Vorhänge aus Acella und den abwaschbar_____ ④ Regenmantel aus Perlon hält man für Zeichen des Fortschritts.

f) Die wirtschaftlich_____ ① Entwicklung der Bundesrepublik erlebt 1960 einen zweit_____ ② Höhepunkt. Die erst_____ ③ Wirtschaftskrise folgt sechs Jahre später und führt zum Sturz der konservativ_____ ④ Regierung.

g) Ab 1960 wächst die Wirtschaft immer schneller, und wegen der vielen Toten des Weltkrieges gibt es nicht genug deutsch_____ ① Arbeiter. Deshalb werden ausländisch_____ ② Arbeiter in die Bundesrepublik geholt.

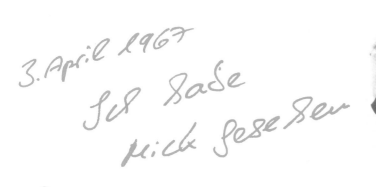

Peter hatte mir eine Karte geschenkt, er ist so süß zu mir, ich weiß gar nicht, wie ich das wieder gutmachen soll... Wir saßen auf unseren Plätzen, tolle Plätze, Balkon 1. Reihe. Nachdem wir über eine Stunde gewartet hatten, kam ein Typ auf die Bühne, der nochmal jung spielen wollte und sich deshalb in eine enge Hose gezwängt hatte. Er trug ein Blümchenhemd und hatte seine Haare nach vorne gekämmt. Er kündigte »The Batman« an, eine neue deutsche Gruppe, die sich alle Mühe gab, uns in Stimmung zu bringen. Ich war nicht richtig bei der Sache, denn bei mir meldete sich das schlechte Gewissen. Meinen Eltern hatte ich nämlich erzählt, ich wäre bei meiner Dortmunder Freundin zu einer Party eingeladen.
(...)
Halb zehn. Die Uhr schlug dreimal, und dann endlich kamen sie! Der Saal kochte über. Aber sie nahmen ganz leise ihre Instrumente, Mick zog seine Carnaby-Jacke aus, was die ersten Schreie zum Erfolg hatte. Sein weißes Rüschenhemd kam zum Vorschein. Es begann mit »The last time«, »Get off my cloud«, »Lady Jane«, »Paint it black«, und viele andere folgten. Micks Hemd war aus der Hose gerutscht. Sekundenlang wurde sein Bauch sichtbar. Die Mädchen sprangen von den Stühlen. Die Bühne wurde gestürmt. Die Polizei trat in Aktion: Halbohnmächtige Mädchen wurden von der Bühne gezerrt.
(...)
Meine Reaktion war ganz anders, als ich sie mir je vorgestellt hatte. Ich verstehe es heute selbst nicht mehr. Ich saß wie angenagelt auf meinem Stuhl und bekam keinen Ton heraus. Ich wollte mitsingen, wie es alle um mich taten, aber ich saß da stocksteif, drückte das Fernrohr vor meine Augen und beobachtete jede einzelne Bewegung von den Stones, von Mick. Er ist für mich der Traumboy. Es war ein Erlebnis, ihn zu beobachten. Er machte fast überhaupt keine Schau, hatte es auch nicht nötig, denn es kam schon zu Schreikrämpfen, wenn er nur von einem Fuß auf den anderen trat.
(...)
Nach »Let's spend the night together« wollten die Stones endlich Schluß machen. Doch als die Fans protestierten, spielten sie noch »Satisfaction« und eine neue Nummer von ihrer LP »Between the buttons«. Dann verbeugten sie sich und ließen eine völlig aufgelöste Horde ihrer Fans zurück. Wie lange habe ich gebraucht, um wieder auf den Boden der Wirklichkeit zurückzukommen? Peter mußte mich regelrecht wachrütteln. An diesem Abend konnte ich nicht einschlafen. Der Plattenspieler meiner Freundin stand neben meinem Bett. Ich hörte sämtliche Stonesplatten an, die meine Freundin besitzt.

Am anderen Tag zog ich mein neues Schockfarbenkleid an, verabschiedete mich von meiner Freundin und ihren Eltern. (...) Am Bahnhof hatte ich noch etwas Zeit. Ich ging durch einen Wartesaal in einen anderen Raum, an dessen Wänden hingen Zeitungen in Kästen. (...) Ich las die Beschreibung des gestrigen Abends. So stand ich eine Zeitlang vor dem Kasten, dann drehte ich mich um und stieß dabei vor einen Jungen, der hinter mir stand und ebenfalls die Zeitung studierte. »Entschuldigung«, murmelte ich. Dann konnte ich mit Mühe einen Schrei unterdrücken. Trotz riesiger Sonnenbrille und bis zu den Ohren hochgeschlagenem Kragen erkannte ich – Mick! Meine Reaktion war blitzschnell. Wenn du jetzt einen Schreikrampf bekommst, haut er sofort ab, dachte ich. Aber wenn du ganz vernünftig »Hallo Mick« sagst, kannst du vielleicht ein paar Minuten mit ihm quatschen. Der Gedanke daran war ungeheuerlich, ich weiß auch heute nicht mehr, wo ich die Geistesgegenwart hergenommen habe. Jedenfalls sagte ich möglichst natürlich, aber mit leicht belegter Stimme: »Hello, Mick.« Er grinste. Mein Herz klopfte bis zum Hals. Meine ohnehin schon kläglichen Englischkenntnisse waren wie weggeblasen. »How do you do?« stotterte ich. Doofer ging es wirklich nicht. Aber er war der tollste Junge, den ich je gesehen habe, und er lachte so lieb, daß meine ganze Angst verflog. Außerdem sah er kein bißchen mehr nach Star aus, sondern wie ein ganz besonders süßer Junge. Er trug eine dunkelgrüne Jacke mit gelben Blumen, dazu ein gelbes Hemd, enge Hosen und Cordschuhe. Ich war sofort in ihn verliebt. Er sagte mit seiner tollen Stimme, daß er sich freue, daß ich etwas Englisch könne, denn Deutsch wäre sehr schwer für ihn.

(...)
Ich fragte ihn, ob ihm Deutschland gefiele. Er fände die deutschen Fans ganz »fab«, sagte er. Sie wären eigentlich die einzigen echten Beatfans, die ihnen noch übrig geblieben wären, in England wäre eine große Sweetwelle im Augenblick, deshalb wären sie gar nicht so gefragt. Er hat zwei süße Grübchen, wenn er lacht, und auch, wenn er spricht. Er hat auch die Haare viel kürzer, als ich sie in Erinnerung habe, es stand ihm ausgezeichnet.
(...)
Mick erzählte mir, daß Brian sehr musikalisch sei, er spielt sieben Instrumente. Keith und er machen die Musik und den Text. Das wußte ich ja alles schon, aber trotzdem machte es mich unsagbar glücklich, daß er etwas sagte, und ich allein durfte ihm zuhören. Aber es mußte ja einmal zu Ende sein. Nach etwa zehn Minuten, die mir wie eine Ewigkeit, aber trotzdem viel zu kurz vorgekommen waren, kam ein junger Mann hereingestürmt. Ich glaube, es war Andrew Oldham.
(...)
Als er mich sah, grinste er, als wollte er sagen: Kannst du es eigentlich nicht lassen, Mick? Er wartete vor der Tür, daß Mick ihm folgen würde. »Okay«, sagte Mick. Er schaute mich sehr lieb an, half mir in meine Cordjacke, nahm dann meine Hand und sagte: »Sweet girl, du bischt ein sehr süßes Mädchen.« Ich lächelte tapfer. Du darfst jetzt nicht heulen, sagte ich mir. Ich sagte: »Tschau, Mick« und ging hinaus. Meine Beine wackelten. Das letzte von ihm habe ich nur noch sehr verschwommen wahrgenommen: sein Lächeln, das verständnisvolle Grinsen von Andrew Oldham, vielleicht war er es gewohnt, daß Mick den Mädchen den Kopf verdrehte.
(...)
Meine Eltern haben erfahren, daß ich heimlich bei den Stones war. Sie haben eigentlich fab reagiert, ich habe wenig Krach gekriegt. Aber sie würden mich nie wieder zu diesen »ungewaschenen, asozialen Halbstarken« fahren lassen, auch später nicht. Mir waren sie weder ungewaschen noch asozial vorgekommen, und ich glaube nur das, was ich mit eigenen Augen gesehen habe.
Mick habe ich mit eigenen Augen gesehen.

Gabriele Huster

P. 146, 3

1. Wie beurteilen Sie das Verhalten von Gabriele?

> Ich finde, Gabriele ist noch zu jung, um zu so einem Konzert zu gehen.

> Genau! Wenigstens hätte sie den Eltern sagen müssen, was sie vorhat.

> Wenn ich Gabrieles Vater wäre, hätte ich ihr hinterher deutlich meine Meinung gesagt!

> Die jungen Leute sind eben so. Das hat doch nichts zu sagen!

> Wenn wenigstens die Stühle ganz bleiben, kann man nicht viel dagegen sagen.

> Ich fände es wesentlich besser, wenn die Eltern ihr erlauben würden, ...

2. Haben Sie schon einmal ein ähnliches Erlebnis gehabt?

Haben Sie mal ein sensationelles Konzert besucht? Eine bekannte Persönlichkeit getroffen? Waren Sie dabei, als sich etwas ganz Wichtiges ereignete?
Was haben Sie da gemacht? Wie waren Ihre Gefühle?

3. Machen Sie ein Rollenspiel.

Spielen Sie mit Ihrem Nachbarn die Begegnung mit einer bekannten Persönlichkeit. Sie können sich auch etwas Lustiges aussuchen ...

der Mann mit der tiefsten Stimme

Weltmeister im Zähneputzen

der Sieger im Verlieren

Europameister im Überfahren roter Ampeln

4. Präsens, Perfekt, Präteritum oder Plusquamperfekt?

Lesen Sie nochmals die Erklärungen auf Seite 146, 3 der Grammatikübersicht zu dieser Lektion. Vergleichen Sie diese Erklärungen dann mit dem Gebrauch der Zeitformen im Text „Ich habe Mick gesehen".

Ergänzen Sie anschließend die richtigen Zeitformen im folgenden Text. (Wir haben in diesem Text immer zwei Lücken gemacht, auch da, wo nur eine einfache Verbform benützt wird. Manche Lücken werden also leer bleiben!)

Nachdem ich aus der Schule *(kommen)* ① _____ _____, *(haben)* ② _____ ich am Bahnhof noch etwas Zeit _____. Ich *(gehen)* ③_____ durch einen Wartesaal in einen anderen Raum _____, in dem ich gewöhnlich auf den Zug *(warten)* ④_____ _____. In einem Kasten an der Wand *(hängen)* ⑤_____ Zeitungen _____. Ich *(lesen)* ⑥_____ den Bericht über das gestrige Konzert von den Stones _____. So *(stehen)* ⑦_____ ich ein paar Minuten vor dem Kasten _____, dann *(umdrehen)* ⑧_____ ich mich _____ und *(zusammensto-ßen)* ⑨_____ mit einem Jungen _____, der wohl schon länger hinter mir *(stehen)* ⑩_____ _____. Dann *(unterdrücken)* ⑪_____ ich mit Mühe einen Schrei _____. Trotz seiner riesigen Sonnenbrille und seinem Kragen, den er bis zu den Ohren *(hochziehen)* ⑫_____ _____, *(erkennen)* ⑬_____ ich Mick _____. Meine Reaktion *(sein)* ⑭_____ blitzschnell _____. „Wenn ich jetzt ganz vernünftig ‚Hallo Mick' sage, kann ich vielleicht fünf Minuten mit ihm reden", *(denken)* ⑮_____ ich mir _____. Der Gedanke *(sein)* ⑯_____ ungeheuerlich _____, denn ich *(denken)* ⑰_____ vorher nie daran _____, Mick persönlich kennenzulernen. Ich *(wissen)* ⑱_____ auch heute nicht mehr _____, warum ich so vernünftig *(reagieren)* ⑲_____ _____. Mein Herz *(klopfen)* ⑳_____ bis zum Hals _____. Einen solch tollen Jungen *(sehen)* ㉑_____ ich vorher noch nie _____. „Hallo Mick, how do you do?", *(sagen)* ㉒_____ ich leise _____. Er *(beobachten)* ㉓_____ mich bestimmt schon vorher _____, denn er *(lachen)* ㉔_____ so verständnisvoll _____ wie über ein kleines Schulmädchen. Noch heute *(bekommen)* ㉕_____ ich feuchte Hände _____, wenn ich daran *(denke)* ㉖_____ _____, wie ich es *(schaffen)* ㉗_____ _____, mit Mick zu sprechen.

5. Was paßt wo? Ergänzen Sie.

zurück	gegenüber	blaß	neulich	glatt	drinnen	fällig	kurz

a) das Gegenteil von einer kräftigen Farbe: eine _____ Farbe

b) in einem Raum sitzen: _____ sitzen

c) eine Rechnung, die unbedingt jetzt bezahlt werden muß: eine _____ Rechnung

d) im Vergleich mit der alten Regierung: _____ der alten Regierung

e) eine Fläche, auf der man nicht einmal Staub fühlen kann: eine _____ Fläche

f) mit wenigen Worten: _____ gesagt

g) über die Schulter nach hinten schauen: _____ schauen

h) vor kurzer Zeit: _____

1. Gabi und Kirsten

A. Hören Sie den Dialog
B. Beantworten Sie die Fragen.

a) Wie heißt der Mann, der Gabi grüßen läßt.
b) Wie lange hat er nichts mehr von sich hören lassen?
c) Welche Arbeit macht er augenblicklich?
d) Wo ist Kirsten ihm begegnet?
e) In welcher Beziehung stand Gabi früher zu ihm?
f) Warum möchte sie ihn nicht wiedersehen?

2. Monika und Holger

A. Schauen Sie sich zunächst die Bilder an und lesen Sie die Texte.
B. Hören Sie den Dialog.
C. Welche Texte (a oder b) beschreiben, was wirklich geschehen ist?

a) Holger hatte Federball gespielt. Dabei war er ins Wasser gefallen. Glücklicherweise hatte er sich nichts gebrochen. Aber am anderen Tag war er erkältet und mußte sich krank schreiben lassen.

b) Beim Federballspielen war Holger ins Wasser gefallen. Auf dem Foto lacht er noch, aber als er aufstehen wollte, ging es nicht. Er hatte sich den Fuß gebrochen und wurde für zwei Wochen krank geschrieben.

a) Das war auf der Rückfahrt aus dem Urlaub, bei einem Aufenthalt in Fuschl. Holger und Monika hatten hier übernachten wollen, aber kein Hotelzimmer bekommen. Schließlich fanden sie einen Bauernhof mit Pension, wo sie übernachten konnten.

b) Das war in Ischl, auf der Hinfahrt in den Urlaub. Holger und Monika hatten vergeblich versucht, ein Hotelzimmer zu bekommen, und mußten auf einem Bauernhof übernachten.

a) Monika hatte eine Postanweisung über 5000 DM bekommen, weil sie im Lotto gewonnen hatte. Das wurde natürlich gefeiert. Sofort hatte sie eine Urlaubsreise gebucht. Als sie später noch einmal auf den Schein sah, merkte sie, daß es nicht 5000 DM, sondern 500 DM waren. Die Urlaubsreise hat sie dann trotzdem gemacht.

b) Der Briefträger hatte eine Postanweisung gebracht: Ein Lottogewinn über 5000 DM! Monika hatte gleich alle Freunde zu einer Feier eingeladen und eine Urlaubsreise gebucht. Am anderen Tag wurde ihr mitgeteilt, daß die Post den Empfänger verwechselt hatte. Die Urlaubsreise hat sie trotzdem gemacht.

a) Monika und Holger kamen von einem Wochenendausflug zurück. Schon im Gang sahen sie, daß ihre Wohnungstür aufstand. In der Wohnung war alles durcheinander: Einbrecher! Zum Glück hatten sie das Bargeld im Küchenschrank nicht gefunden.

b) Bei der Rückkehr von einem Wochenendausflug stellten Monika und Holger fest, daß bei ihnen eingebrochen worden war. Die Einbrecher hatten die ganze Wohnung durcheinandergebracht. Auch das Bargeld im Küchenschrank war weg.

3. Erzählen Sie.

Haben Sie einen Fotoapparat oder eine Filmkamera?
Bei welchen Gelegenheiten machen Sie Aufnahmen? Wem zeigen Sie Ihre Fotos oder Filme?
Sehen Sie sich gern die Fotoalben Ihrer Freunde oder Verwandten an?
Freuen Sie sich über eine Einladung zu einem Dia- oder Filmabend?

Die Bilderflut
Von 100 Haushalten mit mittlerem Einkommen besaßen…

Jahr	einen Fotoapparat
1964	80
1970	94
1975	96
1980	97
1985	96

4. ‚Gehen' hat verschiedene Bedeutungen, deshalb können Sie oft ein anderes Verb anstelle von ‚gehen' benutzen. Ergänzen Sie die Verben in den folgenden Sätzen.

(Manchmal paßt nur ‚gehen', aber meistens noch ein anderes Verb.)

gehen – klappen – funktionieren – laufen – fahren – passen – führen – sich handeln um

a) Wann _geht / fährt_____ der nächste Zug nach Augsburg?

b) Solange mein Auto in der Werkstatt ist, _____ ich zu Fuß ins Büro.

c) Dieser Waldweg_____ direkt zur nächsten Gaststätte.

d) Das Zugabteil ist voll; da _____ niemand mehr rein.

e) _____ deine Uhr wieder, oder hast du sie noch nicht reparieren lassen?

f) Ab Mitternacht _____ keine Straßenbahn mehr.

g) Bist du gestern mit dem Taxi nach Hause gefahren? – Nein, der Weg war nicht weit; ich bin
_____ .

h) Wie _____ es Ihnen in der neuen Firma? – Danke, ich bin zufrieden.

i) Die Treppe _____ in den Keller.

j) Das Wasser ist ziemlich tief; es _____ mir fast bis zum Hals.

k) Das sind zu viele Koffer; die _____ nicht alle in unser Auto!

l) Ich benutze lieber den kleinen Fernseher im Nebenzimmer; dieser hier _____
nicht richtig.

m) Wenn es so heiß ist wie heute, bin ich immer müde. – Das _____ mir auch so.

n) Der Meister will uns alle sprechen. Hast du eine Ahnung, worum es _____ ?

o) Die Firma hat meiner Kollegin gekündigt; in vier Wochen muß sie _____ .

5. Schreiben Sie einen Brief.

Auf Seite 108 finden Sie die Hörübung, „Monika und Holger". Sicher haben Sie diese
Übung schon gemacht und wissen, welche Texte zu den Bildern passen.
Nehmen Sie jetzt einmal an, Sie sind Holger oder Monika und schreiben an einen Freund,
was Ihnen passiert ist. Schreiben Sie zu zwei Texten je einen Brief oder, wenn Sie Lust
haben, zu jedem Text einen.

a) Bei der Rückkehr von einem Wochenendausflug stellten Monika und Holger fest,
daß bei ihnen eingebrochen worden war.
Die Einbrecher hatten die ganze Wohnung
durcheinandergebracht. Auch das Bargeld
im Küchenschrank war weg.

b) Das war auf der Rückfahrt aus dem Urlaub, bei einem Aufenthalt in Fuschl. Holger
und Monika hatten hier übernachten wollen, aber kein Hotelzimmer bekommen.
Schließlich fanden sie einen Bauernhof mit
Pension, wo sie übernachten konnten.

c) Beim Federballspielen war Holger ins
Wasser gefallen. Auf dem Foto lacht er noch,
aber als er aufstehen wollte, ging es nicht. Er
hatte sich den Fuß gebrochen und wurde für
zwei Wochen krank geschrieben.

d) Monika hatte eine Postanweisung über
5000 DM bekommen, weil sie im Lotto gewonnen hatte. Das wurde natürlich gefeiert.
Sofort hatte sie eine Urlaubsreise gebucht.
Als sie später noch einmal auf den Schein
sah, merkte sie, daß es nicht 5000 DM, sondern 500 DM waren. Die Urlaubsreise hat sie
dann trotzdem gemacht.

FERNSPRECHER

○ Gestern ist mir doch eine komische Sache passiert.
☐ So? Was denn? Erzähl mal.
○ Nun, ich stand gerade in einer Telefonzelle und wählte die Nummer von einem Freund. Aber es war dauernd besetzt.
☐ Ja und? Was ist daran so komisch?
○ Wart doch! Ich habe noch ein paarmal aufgelegt und wieder gewählt. Inzwischen hörte ich jemand von außen an die Kabine klopfen. Aber ich habe mich nicht stören lassen.
☐ Ja, und weiter?
○ Na ja, schließlich habe ich es aufgegeben. Als ich dann die Kabinentür aufmachte, stand vor der Telefonzelle...
☐ Ja...?
○ ...der Freund, den ich hatte anrufen wollen! Als wir uns erkannt haben, haben wir uns vor lauter Lachen nicht halten können.
☐ Und wieso war bei ihm zu Hause immer besetzt?
○ Ach, seine Frau muß wohl gerade telefoniert haben...

P. 146, 4
P. 146, 5

Neulich	ist mir	vielleicht	etwas	Merkwürdiges	passiert.
Vorhin		doch		Komisches	
Eben				Tolles	
Vorgestern				Lustiges	
Vorige Woche				...	
Letztes Jahr					
...					

Also, ich	war	gerade...	Und da...	Dann...
	hatte		In dem Augenblick...	Darauf...
	wollte		Plötzlich...	
	...			

Zuerst habe ich gedacht...		Schließlich...
	angenommen...	Zum Schluß...
	nicht gemerkt...	

B3 Spiel: Alibi

An diesem Rollenspiel sollten mindestens teilnehmen:
ein Kläger, zwei Tatzeugen;
ein Angeklagter, ein Alibizeuge;
ein Richter.

Besser ist es, wenn mehr Rollen besetzt werden können: eine größere Zahl von Tatzeugen und Alibizeugen, zwei bis drei Richter und Geschworene. Die Geschworenen wählen einen Sprecher.

Zunächst bestimmt der Kläger zusammen mit den Tatzeugen die Art des Verbrechens, das er anzeigen will, mit allen nötigen Einzelheiten: Tageszeit, Ort usw.

Beispiele:
- Der Angeklagte soll um Mitternacht als Autofahrer einen Fußgänger verletzt haben und nach dem Unfall einfach weitergefahren sein.
- Der Kläger ist Mieter in einem Hochhaus und will den Angeklagten um elf Uhr vormittags bei einem Einbruch in der Wohnung gegenüber beobachtet haben.
- Im Stadtpark ist ein Mord geschehen. Der Angeklagte soll um die Zeit im Stadtpark gesehen worden sein...

Der Kläger und die Tatzeugen schreiben in wenigen Sätzen auf, was sie gesehen haben wollen. Mit diesem Papier wird der Angeklagte angezeigt.

Jetzt macht der Angeklagte zusammen mit den Alibizeugen ein Alibi mit möglichst vielen Einzelheiten aus. Gleichzeitig machen der Kläger und die Tatzeugen untereinander ab, was jeder von ihnen gesehen haben will.

Dann werden die Zeugen einzeln von den Richtern befragt. Die Geschworenen merken sich alle Punkte, in denen die Zeugen einander widersprechen. Wenn alle Zeugen befragt worden sind, müssen die Geschworenen entscheiden, wer „die Wahrheit" gesagt hat. Sie beraten und geben dann ihr Urteil bekannt: „Schuldig" oder „Nicht schuldig".

Wo waren Sie am...? Was genau haben Sie da gemacht? Wie sah die Person aus? Was hatte sie an? Weshalb haben Sie...? Erkennen Sie ... wieder?	Ich bin von dem Lärm aufgewacht. Er hat stark geblutet. Ich kam gerade von einer Sitzung des Karnevalvereins. Ich habe genau gesehen, wie...

Ängste und Sorgen

☐ Inflation   ☐ Alter   ☐ Krieg
☐ Arbeitslosigkeit   ☐ Tod   ☐ Unglücke und Katastrophen
☐ Umweltprobleme   ☐ Langeweile   ☐ Krankheiten

Hoffnungen und Träume

☐ eine schöne Wohnung   ☐ Kinder haben   ☐ gute Freunde
☐ eine befriedigende Arbeit ☐ Unabhängigkeit   ☐ ein liebevoller Partner
☐ viel Geld verdienen   ☐ ein langes Leben   ☐ ein schnelles Auto

1. Wovor haben Sie am meisten Angst?

Worum machen Sie sich am meisten Sorgen? Was wünschen Sie sich am stärksten für die Zukunft? Was ist für Ihr zukünftiges Leben am wichtigsten?

In jeder der beiden Gruppen „Ängste…" und „Hoffnungen…" können Sie 45 Punkte verteilen. Geben Sie dem Begriff, der Ihre stärkste Angst und Ihren stärksten Wunsch ausdrückt, jeweils 9 Punkte. Den zweitstärksten Begriffen geben Sie 8 Punkte, usw., so daß die Begriffe, die für Sie am wenigsten wichtig sind, nur noch einen Punkt bekommen.
Nehmen Sie dann einen Taschenrechner und machen Sie eine Statistik für Ihre ganze Kursgruppe und für Einzelgruppen, z.B. Jungen/Mädchen, mit Geschwister/ohne Geschwister, verschiedene Wohnorte (in der Stadt/auf dem Land), Schüler eines bestimmten Alters; eventuell auch für Ihre Eltern, z.B. Raucher/Nichtraucher…
Diskutieren Sie die Gründe, warum manche Dinge wichtig und andere weniger wichtig sind.

Die Hauptsache ist,	daß…		Ich mache mir Sorgen	um…	weil
Meine größte Sorge ist,				wegen…	deswegen
Ich habe Angst davor,			Ich habe nur einen Wunsch:…		
Mein größter Wunsch wäre es,	…zu…		Ich hoffe, ich werde später einmal…		denn
Das Schönste / Schlimmste / Schrecklichste	wäre es,	wenn…	Hoffentlich… Ich träume davon,… zu…		nämlich

Umweltschutz auf Platz 3 vorgerückt

Anhand einer Liste werden im Auftrag des Nachrichtenmagazins »Der Spiegel« regelmäßig 2000 Männer und Frauen in der Bundesrepublik Deutschland zu verschiedenen Aufgaben der Regierung befragt, ob sie diese Aufgaben »besonders wichtig, wichtig, weniger wichtig oder unwichtig« finden. Bei der letzten Befragung gab es Überraschungen. Die wichtigste: Der Umweltschutz erhielt weit größere Bedeutung als früher. »Ein solches Ergebnis«, fand Klaus-Peter Schöppner, Meinungs- und Sozialforscher im Bielefelder Emnid-Institut, »ist mir in neun Berufsjahren noch nicht unter die Augen gekommen.« Zum erstenmal, so scheint es, sind sich so gut wie alle Bundesbürger einig. 98 von 100 Befragten erklärten den Kampf gegen das Waldsterben für »besonders wichtig« oder »wichtig«. Ganze zwei Prozent meinten, er sei »weniger wichtig«, und nur in einem halben Dutzend der 2000 Fragebögen stand ein Kreuz in der Rubrik »unwichtig«.

Dies ist eines der für viele überraschenden Ergebnisse dieser Umfrage. Einige weitere: Nicht Kernkraft oder Kohle, sondern »alternative Energiequellen« wurden am häufigsten genannt, als gefragt wurde, wie der zukünftige Energiebedarf gedeckt werden soll.

Wichtigster Gesamteindruck dieser Untersuchung: die Volksmeinung ist in Bewegung gekommen, was den Umweltschutz im weitesten Sinn betrifft. Themen, die noch vor zwei, drei Jahren nur von grünen Minderheiten diskutiert wurden, beschäftigen heute die meisten Bundesbürger. Jahrelang erhielt der Umweltschutz nur einen Mittelplatz, wenn die Meinungsforscher darum baten, Aufgaben danach zu ordnen, wie wichtig sie sind. Daß er nun auf Platz drei gekommen ist, erklärt sich aus einem Meinungswechsel bis weit in die Reihen der konservativen Wähler hinein.

Für »besonders wichtig« erklärten die 2000 Befragten (in Prozent):

83	»Die Arbeitslosigkeit bekämpfen«
75	»Für mehr Ausbildungsplätze der Jugend sorgen«
65	»Für wirksamen Umweltschutz sorgen«
62	»Die Renten sichern«
55	»Für soziale Gerechtigkeit sorgen«
53	»Den Wirtschaftsaufschwung fördern«
48	»Den Preisanstieg bekämpfen«
47	»Den Schutz der persönlichen Daten sichern«
45	»Den Bürger wirksam vor Verbrechen schützen«
42	»Die Staatsschulden abbauen«
38	»Das Problem der Ausländer in den Griff bekommen«
31	»Sich um die Minderheiten kümmern und sie schützen«
31	»Die Gleichberechtigung der Frau verwirklichen«
26	»Für ein gutes Verhältnis zu den USA sorgen«
23	»Die Beziehungen zur DDR verbessern«
22	»Die Beziehungen zu den osteuropäischen Staaten verbessern«
21	»Die Beziehungen zur Sowjet-Union verbessern«

P. 148, 4

2. Was ist das überraschendste Ergebnis dieser Umfrage?

3. Was wissen Sie noch über das Waldsterben?

Vergleichen Sie Band 2, Lektion 7, B3!

4. Ordnen Sie die Aussagen nach folgenden Oberbegriffen:

– Internationale Politik   – Wirtschaftspolitik   – Sozialpolitik   – Umweltpolitik
Welche Themenbereiche haben offenbar die größte, welche die geringste Bedeutung für die Bundesbürger?

5. Wie kann man sich die unterschiedliche Wichtigkeit dieser Themen für die Bundesbürger erklären?

Vergleichen Sie sie auch mit den Ergebnissen Ihrer eigenen Statistik von Seite 114.

Der Mann mit der Fahne

Am 5. August 1914 begann auf dem Kasernenplatz im schweizerischen Frauenfeld die Karriere des »Friedensapostels« Max Daetwyler. Hier war nach dem Ausbruch des Ersten Weltkriegs sein Regiment aufmarschiert, um den Fahneneid zu leisten. Sechzig Jahre später erinnerte sich Daetwyler: »Da wußte ich: jetzt passiert etwas. Der Kriegsausbruch hatte mich wie ein Schock getroffen. Ich hatte vorher in Hotels aller großen Städte Europas gearbeitet. Überall hatte ich nur friedfertige und vernünftige Menschen getroffen. Und sie sollten wegen des Wahnsinns einiger Mächtiger plötzlich aufeinander einschlagen? Ein Pfarrer trat vor, es hieß: Achtung, steht! Da wußte ich: Einen solchen Schwindel mache ich nicht mit. Ich drückte meinem Nebenmann das Gewehr in die Hand und rannte nach vorn. ›Ich bin gegen den Krieg, ich schwöre nicht!‹ schrie ich immer wieder. Fünf Minuten später war ich schon in der Arrestzelle...«

Der Zwischenfall von Frauenfeld warf Daetwyler aus seiner bürgerlichen Existenz und mitten hinein in eine neue Laufbahn, der er von da an sein Leben widmete: die Laufbahn als Friedensverkünder und Prophet der Daetwylerschen Weltreligion, einem Gemisch aus Christentum, Buddhismus, Islam und Tolstoi.

1917, nach der Revolution, war für Rußland der Weltkrieg zu Ende. Unter dem Slogan »Lenin bringt Frieden in Rußland – Daetwyler in Europa!« forderte Daetwyler die Arbeiter der Zürcher Munitionsfabriken auf, die Arbeit niederzulegen, und trug damit zum Ausbruch von Unruhen bei, die Polizeieinsätze mit Toten und Verletzten zur Folge hatten. Daetwyler mußte für drei Monate ins Gefängnis und dann ebensolange in eine Nervenheilanstalt.

Im Jahr darauf heiratete er, was ihn aber nicht daran hinderte, weiterhin mit seiner weißen Fahne als »Friedensapostel« aufzutreten. Er schrieb Briefe an die Staatsoberhäupter vieler Länder mit der Bitte um einen Gesprächstermin; aber nur einer, Mahatma Gandhi, hat ihn empfangen, 1932 in Lausanne. 1934 ging er nach München, um den Deutschen den Hitlerstaat auszureden – ohne Erfolg, wie man weiß. 1938 gab ihm der Schweizer Bundesrat Motta, um ihn loszuwerden, eine Tribünenkarte für eine Sitzung des Völkerbunds in Genf. Dort warf Daetwyler mit dem Ruf »Menschlichkeit, erwache!« Flugblätter in den Saal, worauf er wieder einmal verhaftet wurde.

Nicht zum letztenmal in jenem Jahr: auf einem Fußmarsch von Lyon nach Paris verbrachte er die Nächte so regelmäßig in Gefängniszellen wie andere Reisende in Hotelzimmern. Nach dem Zweiten Weltkrieg brachte ihn ein Zwei-Monate-Marsch nach Hannover und Ostberlin, wo er für die deutsche Wiedervereinigung eintrat. Im Jahre 1960 wehte seine Fahne auf dem Roten Platz in Moskau; er begann seine Rede mit dem Satz »Ich bin Tolstoi Nummer 2« und wurde sofort festgenommen.

Es folgten weitere Reisen in alle Welt, dazwischen immer wieder Auftritte in der Schweiz, zum Beispiel an der Spitze der Anti-Atom-Bewegung. Und in unschöner Regelmäßigkeit: Gefängnis und Irrenhaus.

Am 5. August 1974, 60 Jahre nach seinem ersten Protest, sah man Daetwyler mit seiner weißen Fahne wieder in der Frauenfelder Kaserne; diesmal nicht, um zu protestieren, sondern um sein 60jähriges »Dienstjubiläum« zu feiern. Als alter Mann dachte er kritischer über sein früheres Verhalten. »Seien wir ehrlich: wenn die Schweizer Soldaten damals, als Hitler uns bedrohte, so gehandelt hätten wie ich, dann gäbe es jetzt keine Schweiz mehr.«

Der »Friedensapostel« Max Daetwyler starb am 26. Januar 1976. Er wußte, daß er ohne Erfolg geblieben war. Aber er sagte: »Ich habe die Welt nie verändern wollen. Die Welt ist in Ordnung. Aber die Leute leben nicht nach dieser Ordnung. Mit meiner Tätigkeit wollte ich nur auf diesen Widerspruch hinweisen, ein Signal setzen. Ob man mich dabei für einen Idioten hielt oder einen Philosophen, das war mir immer egal.«

1. Was hat Max Daetwyler an diesen Orten gemacht?

Frauenfeld – Genf – Lausanne – München – Ostberlin – Zürich

2. Was halten Sie von einem solchen Menschen?

Ich finde es gut, daß er frei heraus seine Meinung sagt.

Man kann doch nicht immer protestieren! Das bringt nur Unruhe.

Ich bewundere den Typ. Der hat Mut.

Es gibt eben Leute, die meinen, sie wüßten alles besser.

Die Menschheit braucht solche Leute ...

Ich finde, ...

1. **Füllen Sie die leeren Sprechblasen aus.**

2. **Welche Karikaturen und Aufkleber gehören zu demselben Thema?**

3. **Was wird in den Karikaturen/Aufklebern ausgesagt?**

Die Zeichnung / der Aufkleber...

| ...bezieht sich auf... |
| ist eine Art Kritik an... |
| gibt einen Hinweis auf... |
| weist auf... hin. |
| ist ein Zeichen für... |
| greift... an. |
| ist für ein Verbot von... |

Luftverschmutzung   Frieden   Geschwindigkeitsbegrenzung
Vergiftung unserer Nahrungsmittel
Rolle der Frau in der Familie   Ausländerfeindlichkeit
Atomwaffen
Verkürzung der Arbeitszeit
Zerstörung der Wälder   Arbeitslosigkeit bei Frauen

P. 147, 2

4. **Vielleicht würden Sie auch gern zu einem dieser Themen einen Aufkleber machen!**

Totalverweigerergruppe München

Bund für Umwelt und Naturschutz Deutschland (BUND)

FIH: Fahrgast-Initiative Hamburg

Aktionsgemeinschaft Ökologie Überlingen

Sammelstelle für Unterschriften gegen die Strafrechtsparagraphen 174, 175, 176

BUND-Umweltzentrum

Bürgerinitiative »Kein Atommüll in Ahaus« e.V.

Aktion Seniorenwerk e.V.

Gegen-BILD-Initiative

Bürgerinitiative für Umweltschutz

Bund deutscher Rentner (BDR)

Bürgerinitiativen

Eine neue Form von Zusammenschlüssen sind die Bürgerinitiativen, die in den letzten Jahren in großer Zahl entstanden sind: Einige Bürger, die sich von Behörden, Volksvertretungen, Parteien und Verbänden ungenügend unterstützt fühlen, schließen sich ohne großen organisatorischen Aufwand zusammen, um auf die Beseitigung eines Mißstandes hinzuwirken.

Meist handelt es sich um örtliche Angelegenheiten, zum Beispiel um die Erhaltung alter Bäume, die dem Straßenbau zum Opfer fallen sollen, oder um die Anlage eines Kinderspielplatzes. Aber auch bundesweit treten Bürgerinitiativen auf. Am bekanntesten wurde hier die Bewegung gegen den Bau von Kernkraftwerken.

Die Bundesregierung begrüßt und unterstützt Aktivitäten, die sich mit Mißständen und Problemen unserer Gesellschaft auseinandersetzen. Dabei wird allerdings Gewalttätigkeit, die durch radikale Elemente in Bürgerinitiativen hineingetragen wird, als Mittel der politischen Auseinandersetzung von ihr entschieden abgelehnt.

Wichtig ist die möglichst frühzeitige aktive Teilnahme der Bürger und Bürgerinitiativen bei der Vorbereitung staatlicher Planungsentscheidungen. In einigen Gesetzen, z. B. im Bundesbaugesetz, ist eine solche Beteiligung bereits vorgesehen, und die Möglichkeiten dazu sollen noch erweitert werden. In vielen Fällen haben Bürgerinitiativen dazu beigetragen, Probleme deutlich zu machen, Konflikte zu vermeiden, Interessen auszugleichen und die Entscheidungen der staatlichen Organe zu verbessern.

Initiative zur Gründung einer Vertriebsgenossenschaft alternativer Hersteller

Frauentheater-Initiative

Schutzgemeinschaft Deutscher Wald

Netzwerk Selbsthilfe e.V.

Bürgergemeinschaft für S-Bahntunnel

Frauen helfen Frauen

Initiative zum Schutz der bedrohten Wälder

Arbeitsloseninitiative Bonn e.V.

Graue Panther Hamburg e.V.

Bundesverband Bürgerinitiativen Umweltschutz BBU

Frauen gegen Erwerbslosigkeit

Was steht im Text?

a) Bürgerinitiativen entstehen, weil eine Anzahl von Menschen mit einem Plan oder einem Zustand nicht einverstanden sind.

b) Bürgerinitiativen wissen manchmal nicht, was sie wollen.

c) Bürgerinitiativen haben oft Erfolg.

d) Einige Bürgerinitiativen haben Mitglieder im ganzen Gebiet der Bundesrepublik Deutschland.

e) Die Bundesregierung lehnt Bürgerinitiativen ab, wenn sie politisch sind.

f) Oft sind die Bürger schon zu alt, um noch aktiv an der Planung teilzunehmen.

g) In einigen Gesetzen steht, daß die Bürger bei Planungen des Staates mitreden können.

Die Protestbewegung im Herbst 1985

Deutschland im Herbst 1985, Alltagsszenen, Momentaufnahmen. Stationen, die für viele stehen, aber doch ihre eigene Bedeutung haben: das Atomkraftwerk Brokdorf an der Unterelbe, die Startbahn West des Frankfurter Flughafens, das amerikanische Raketendepot bei Mutlangen in der Schwäbischen Alb. Vor Jahren Orte des erbitterten Protests – Synonyme für die Zukunftsangst, die Endzeitstimmung einer ganzen Generation. Und heute?

Brokdorf: Der Kuppelbau des Kernkraftwerks hebt sich mächtig über die Deiche. Die Baustelle ist noch immer mit Stacheldraht gesichert. In einem Jahr soll der 1300 Megawatt-Reaktor ans Stromnetz angeschlossen werden. Die Großdemonstration mit 100 000 Anhängern der Anti-AKW-Bewegung liegt viereinhalb Jahre zurück. Was erinnert noch daran? Auf den Höfen der Brokdorfer Bauern stehen die Wohnwagen der Bauarbeiter. Die gelbe Sonne der Atomkraftgegner auf der Hütte am Ortsausgang, Zei-

chen des Widerstandes und der Hoffnung zugleich, ist verblaßt. Zur letzten amtlichen Anhörung wegen der abschließenden Teilerrichtungsgenehmigung für das AKW Brokdorf kamen Mitte September gerade noch 50 Aufrechte in das Dorfgasthaus. Inzwischen sind in der Bundesrepublik 20 Kernkraftwerke mit einer Gesamtleistung von 17 000 Megawatt in Betrieb. In diesem Jahr werden sie 120 Milliarden Kilowattstunden Strom erzeugen, ein Drittel der gesamten elektrischen Energie.

Startbahn West: Jeden Sonntag tobt der vergessene Krieg. Einige Dutzend, manchmal auch wenige hundert Demonstranten, zumeist maskiert, rennen sich an der kilometerlangen Betonwand die Köpfe ein. Sie brechen die Betonstreben aus der Mauer, verbissen, ohnmächtig. Sonntag für Sonntag. Was treibt sie? Verzweiflung, Gewohnheit, nur Langeweile? Sie reden nicht, sie rechtfertigen sich nicht. Um die Rodung von 250 Hektar Wald, von 500 000 Bäumen zu verhindern, hatten 200 000 hessische Bürger vor Jahren ihre Unterschrift unter ein Volksbegehren gesetzt, das dann vom Staatsgerichtshof in aller Eile abgelehnt wurde; 150 000 demonstrierten im November 1981 vor dem Wiesbadener Landtag. Aber jetzt? Die Start-

bahn ist fertig, der Widerstand schmilzt zusammen, die Bilanz ist traurig: Fast 40 Millionen Mark wurden für Polizeieinsätze ausgegeben, weitere 24 Millionen für die Sicherung des Flughafens. 530 Verletzte gab es bei der Polizei. 3000 Strafverfahren wurden eingeleitet, 80 Urteile sind bereits gesprochen. Und alle paar Minuten startet ein Flugzeug von der Startbahn 18 – West, wenn der Wind günstig steht.

Mutlangen: Rüdiger und Michael, Christine und Etienne, Wolfgang und Wilfried sind nicht die letzten der Friedensbewegung, die im Herbst 1983 drei Millionen

Menschen im Protest gegen die Nato-Nachrüstung auf die Beine brachte. Aber »ein gutes Stück alleingelassen« fühlen sie sich schon. Seit zwei Jahren halten sie in der

Gemeinde Mutlangen auf der Schwäbischen Alb aus. Notdürftig untergebracht in Zelten und in einem ausgebauten Hühnerstall. Gemeinsam mit wenigen anderen, mit denen sie für Stunden, Tage oder Wochen zusammenkommen, blockieren sie die Zufahrten zu dem nahegelegenen Raketendepot der Amerikaner, das inzwischen hinter einem überhohen Metallzaun verschwunden ist. Sie wissen, daß die Raketen kommen werden, sobald die Bauarbeiten abgeschlossen sind. Der politische Widerstand reichte nicht aus, um die Stationierung zu verhindern. So verstehen sie ihre »Dauerpräsenz« als Mahnung an das Gewissen der anderen, die vor der staatlichen Entscheidungsmacht resigniert haben.

Brokdorf, Frankfurt, Mutlangen: Die Demonstranten sind müde geworden, haben resigniert. Sie mußten erkennen, daß sich diese und frühere Bundesregierungen selbst durch jahrelangen, massenhaften und entschiedenen Protest nur wenig, oft genug gar nicht beeindrucken ließen. Die Folge: Der Widerstand einer entschlossenen Minderheit radikalisiert sich, die Mehrheit beginnt nach dem Sinn der Opfer zu fragen. Die Angst vor Arbeitslosigkeit oder einer ungewissen beruflichen Zukunft macht sich bemerkbar. Dabei haben die Probleme bedrohlich zugenommen: die Gefährdung der natürlichen Lebensgrundlagen durch weltweite Umweltzerstörung und -vergiftung; die Möglichkeit eines atomaren Konflikts; die Zerschlagung von gewachsenen Sozialstrukturen durch Industrialisierung und wirtschaftliche Krise; die Verarmung der Dritten Welt als Folge von Geburtenexplosion, Trockenheit und Abhängigkeit vom Weltmarkt.

Es ist den zahlreichen Protestbewegungen gelungen, diese Krisenphänomene ins öffentliche Bewußtsein zu heben. Der kritische Gedanke, daß industrielles Wachstum nicht alles sei und daß der zivilisierte Mensch nicht alles dürfe, was er kann, hat Eingang gefunden in das Denken der Bevölkerungsmehrheit, in Politik und Programme selbst der bürgerlichen Parteien. Insofern sind die Protestbewegungen nicht am Ende, sondern höchstens an einem augenblicklichen Tiefpunkt, im Schatten der wirtschaftlichen Krise.

1. Welche der folgenden drei Zusammenfassungen gibt Ihrer Meinung nach den Text am besten wieder?

a) Brokdorf, Frankfurt, Mutlangen: An den drei Orten demonstrierten Tausende von Bundesbürgern, und an keinem der drei Orte hatten sie Erfolg. Der Staat hat über die Proteste hinweg die ursprünglichen Pläne verwirklicht.

Der Mißerfolg der Demonstrationen hat die Leute davon überzeugt, daß es besser ist, an die eigenen Probleme zu denken: an die Arbeitslosigkeit oder ans Studium. Und eigentlich waren die Proteste doch erfolgreich: die Gedanken, die dabei geäußert wurden, sind von den bürgerlichen Parteien in ihre Politik aufgenommen worden.

b) In Brokdorf wird ein Kernkraftwerk gebaut, obwohl vor wenigen Jahren rund 100 000 Menschen dagegen protestiert haben. Die Startbahn West in Frankfurt ist in Betrieb, obwohl 200 000 Bürger des Landes Hessen einen Protest dagegen unterschrieben haben. In Mutlangen wird ein Raketendepot gebaut, obwohl Millionen Menschen gegen die Nachrüstung der Nato demonstriert haben.

Heute sind nur noch wenige übrig, die weiter protestieren und demonstrieren; die meisten haben aufgegeben. Eines haben die Demonstrationen immerhin erreicht: die Mehrheit der Bevölkerung ist heute kritischer geworden und denkt mehr darüber nach, welche Folgen ihre Handlungen für die Gesellschaft und für die Umwelt hat.

c) Die Demonstranten von gestern sind müde geworden. Nur wenige haben noch nicht eingesehen, daß es zwecklos ist, sich gegen Entscheidungen des Staates zu stellen. Die Bilanz der Demonstrationen ist traurig: Schäden in Millionenhöhe, Hunderte von Verletzten bei der Polizei, Tausende von Gerichtsverhandlungen.

Die Pläne des Staates konnten trotz allem verwirklicht werden. Das war notwendig, denn die Probleme haben in den letzten 15 Jahren bedrohlich zugenommen. Zum Glück sind die Leute inzwischen kritischer geworden; sie wissen, daß in Krisenzeiten Engagement für die Politik der bürgerlichen Parteien gefordert ist.

2. Was ist Ihre eigene Meinung zu solchen Protestdemonstrationen?

Tempo 100

Kabinett berät heute über Bericht des TÜV

Absage Bonns an Tempolimit nach Großversuch sicher

Schadstoffminderung nur um ein Prozent

Von unserem Nachrichtendienst

Bonn (AP/dpa). Einen Tag vor den Beratungen des Bundeskabinetts über ein Tempolimit auf den bundesdeutschen Autobahnen haben die Ergebnisse des Großversuchs die erwartete Absage der Regierung an Geschwindigkeitsbeschränkungen gestützt. Wie Fachleute der Vereinigung der Technischen Überwachungsvereine (VdTÜV) gestern in Bonn mitteilten, wäre bei Tempo 100 auf den Autobahnen die Schadstoffentlastung geringer als erwartet.

So viel Stickoxide werden in der Bundesrepublik jährlich in die Luft geblasen:

insgesamt **3,1 Mio t**

davon durch Pkw **1,0 Mio t**

davon auf Autobahnen **0,31**

davon durch Tempo 100 einsparbar ● **0,032 Mio t = ca. 10%**

INDEX FUNK 2102

Bundesregierung setzt auf umweltfreundlichere Autos

Bonn (AP/dpa). Ein „Tempo 100" wird es nach dem Willen der Bundesregierung auf den Autobahnen in der Bundesrepublik nicht geben. Einen entsprechenden Beschluß faßte gestern das Bundeskabinett auf der Grundlage der Ergebnisse des TÜV-Großversuchs, wonach ein generelles Tempolimit keine entscheidende Verringerung des Schadstoffausstoßes bringen würde. Bundesverkehrsminister Werner Dollinger und Innenminister Friedrich Zimmermann appellierten an die Autofahrer, möglichst bald auf umweltfreundliche Autos umzusteigen oder ihr Fahrzeug umzurüsten.

A. Welche Argumente sprechen für eine Geschwindigkeitsbegrenzung auf Autobahnen?

a) Um die Umwelt zu schützen, muß man auch eine Geschwindigkeitsbegrenzung akzeptieren.

b) In allen anderen europäischen Ländern gelten auch schon Geschwindigkeitsbegrenzungen.

c) Ein Tempolimit würde sowieso nur von wenigen Autofahrern beachtet werden.

d) Man würde sich an ein Tempolimit gewöhnen, genau wie an die Gurtpflicht.

e) Die Autos produzieren so wenig Schadstoffe, daß sie für den Wald keine Rolle spielen.

f) Ein Tempolimit würde Arbeitsplätze in Gefahr bringen, weil die Leute dann nicht mehr so große und so schnelle Autos kaufen würden.

g) Ein Tempolimit würde die persönliche Freiheit der Bürger zu stark einschränken.

h) Wenn es eine Geschwindigkeitsbegrenzung gäbe, würden mehr Leute mit Bussen, Straßenbahnen und Eisenbahnen fahren.

i) Man sollte mehr umweltfreundliche Autos bauen, anstatt schnelles Fahren zu verbieten.

B. Hören Sie die Interviews. Welche Person gebraucht welches Argument?

C. Überlegen Sie: Sprechen die folgenden Äußerungen für oder gegen ein Tempolimit? Welche haben nur indirekt oder gar nichts damit zu tun?

a) „Jetzt, wo es mit der Autoindustrie aufwärts geht, wollen die ein Tempolimit einführen!"

b) „Ich fahre schon aus Sicherheitsgründen nie schneller als 100."

c) „Je schneller die Leute fahren, um so höher ist die Unfallgefahr!"

d) „Das werden die Autofahrer sich nicht gefallen lassen!"

e) „Die Luftverschmutzung geht jeden an."

f) „Jetzt wollen sie einem auch noch die Freude am Autofahren nehmen!"

g) „Die Nachfrage nach großen Autos wird sich verschlechtern."

h) „Alle Autos müßten mit Katalysator fahren. Meins hat schon einen."

i) „Für die Luftverschmutzung ist doch in erster Linie die Industrie verantwortlich."

j) „Es kann niemandem gleich sein, ob der Wald stirbt."

P. 147, 1
P. 148, 3

1. Artikelwörter und Pronomen.

Sie wissen ja, daß man im Deutschen alle Artikelwörter als Pronomen gebrauchen kann. Normalerweise sind die Formen dieselben. Nur bei den Indefinit- und Possessivpronomen gibt es einige spezielle Formen (siehe Punkt 3 der Grammatikübersicht auf Seite 148). Zum Beispiel:

Alle Autos müßten einen Katalysator haben. Meins hat schon einen.

Ergänzen Sie die richtigen Formen.

a) Was soll die ganze Diskussion um das Auto! Das Beste ist, man hat k_____.

b) Mein Wagen läuft prima, aber Gerd hat schon wieder Ärger. S_____ ist wirklich alle zwei Wochen kaputt.

c) Wir haben denselben Motor. Aber d_____ verbraucht weniger Benzin als m_____. Woran liegt das?

d) Ich kaufe mir so ein Auto wie das von Maria. I_____ fährt ausgezeichnet.

e) Wir brauchen unbedingt ein neues Auto. U_____ ist ziemlich alt.

f) Katalysator-Autos sind problemlos. Schau dir m_____ an, es funktioniert prima.

2. ‚Jemand-‘, ‚niemand-‘, ‚man‘ oder ‚einem/einen‘? Ergänzen Sie.

a) Heute findet jeder den Umweltschutz wichtig. 1975 hat er fast _____ interessiert.

b) Für die Autobahnen gibt es eine Geschwindigkeitsempfehlung von 130 km pro Stunde. Aber hast du schon mal _____ getroffen, der das freiwillig beachtet?

c) Ich fahre gerne sehr schnell. Die Geschwindigkeitsempfehlung auf 100 km pro Stunde würde _____ doch den Spaß am Autofahren nehmen.

d) Es darf _____ egal sein, daß unsere Natur kaputt gemacht wird.

e) Eine Geschwindigkeitsbegrenzung würde Arbeitsplätze in Gefahr bringen, weil _____ dann nur noch kleine Autos kaufen würde.

f) Langsamer zu fahren würde _____ weh tun, aber dem Wald nützen.

g) Die Menschheit braucht wieder _____ wie Max Daetwyler, der immer daran erinnert, daß Krieg Wahnsinn ist.

3. ‚Bestimmt‘, ‚genau‘ oder ‚sicher‘? Was paßt?

a) Es ist _____, daß es hier auch in Zukunft keine Geschwindigkeitsbegrenzung gibt.

b) Man weiß nicht _____, ob Kernkraftwerke wirklich _____ sind.

c) Ohne die Proteste und Demonstrationen wäre der Umweltschutz _____ nicht zu einem wichtigen Thema in der Politik der Bundesrepublik geworden.

d) _____ 60 Jahre nach seinem ersten Protest gegen den Krieg stand Daetwyler wieder mit seiner weißen Fahne in der Frauenfelder Kaserne.

e) Viele Unfälle in Kernkraftwerken wurden nicht _____ genug untersucht.

f) _____! Das meine ich auch! Da hast du völlig recht.

g) _____, du hast schon recht, aber findest du nicht auch, daß es bei den Demonstrationen zu viele Verletzte gibt?

Tempolimit – Pro und Contra

Bilden Sie im Kurs zwei Gruppen: eine, die für ein Tempolimit ist, und eine, die dagegen ist. Stellen Sie fest, wieviel Teilnehmer dafür und wieviel dagegen sind. Wählen Sie einen Diskussionsleiter und führen Sie ein Streitgespräch. Stellen Sie jeweils vor und nach der Diskussion fest, wieviele Kursteilnehmer ein Tempolimit befürworten bzw. ablehnen. Vielleicht gibt es jemanden, der seine Meinung ändert...
Zuerst sollten Sie sich eine Liste machen mit den Argumenten, die Sie gebrauchen wollen. Denken Sie zum Beispiel an:
Autoindustrie – Luftverschmutzung – Erfahrungen mit Tempolimits in anderen Ländern – Katalysator-Auto – Unfallgefahren – Spaß am Fahren
Um überzeugend zu sein, muß man zu den Argumenten anderer Stellung nehmen, ihnen widersprechen, sie unterstützen, berichtigen oder dazu Fragen stellen. Hier sind einige Beispiele, aber Sie kennen sicher noch mehr.

Zustimmen

Das möchte ich unterstützen.
In diesem Punkt gebe ich dir recht.
Ich bin völlig deiner Meinung.
Das ist auch meine Überzeugung.
Ganz meine Meinung!
Genau!

Widersprechen

Da muß ich dir widersprechen.
Da habe ich Zweifel.
Ich behaupte das Gegenteil!
Im Gegenteil!
Das gehört nicht zur Sache!
Das hat doch gar nichts damit zu tun!
Entgegen dem, was du sagst, meine ich, ...
Ich wäre da nicht so sicher.

Nachfragen

Wie meinst du das?
Was meinst du damit?
Was meinst du genau mit...?
Kannst du das mal genauer erklären?
Woher willst du das wissen?
Kannst du mal ein Beispiel geben?
Darf ich mal unterbrechen?
Habe ich das richtig verstanden, daß...?
Kannst du das bitte wiederholen?

Einwenden

Gut, / Na schön, / Das kann sein, / Da magst du recht haben, / Das stimmt zwar, **aber...**
Das kommt darauf an, / Das hängt davon ab, / Je nachdem, **ob...**
Sicher; aber denk doch mal daran, daß...
Ich frage mich nur, wie...
Hast du schon mal daran gedacht, daß...
Ich glaube, das ist ein Mißverständnis.

Die eigene Meinung unterstreichen

Ich sehe das so:... / Mir scheint,... / Nebenbei gesagt,... / Ich wollte damit sagen,... / Ich kann mir vorstellen,...

Ich stehe auf dem Standpunkt, / bin der Ansicht, / bin der festen Überzeugung, / versichere dir, **(daß)...**

B3 Planspiel: Verkehrsprobleme in Grüntal

Grüntal ist eine kleine Stadt mit großen Verkehrsproblemen. Mitten durch den Stadtkern führt eine zweispurige Bundesstraße, die den Berufs- und Geschäftsverkehr längst nicht mehr aufnehmen kann. Vor allem an den beiden alten Stadttoren und an der Kreuzung mit der Langen Straße kommt es oft zu Staus. Die Anwohner leiden unter Lärm und Gestank; das Überqueren der Straße ist besonders für Kinder und alte Leute gefährlich.

Es hat sich bereits eine Bürgerinitiative gebildet. Der Verkehrsausschuß des Stadtrates hat verschiedene Lösungsvorschläge für das Problem ausgearbeitet. Jetzt findet eine Bürgerversammlung statt, auf der die Meinung der Bürger gehört werden soll.

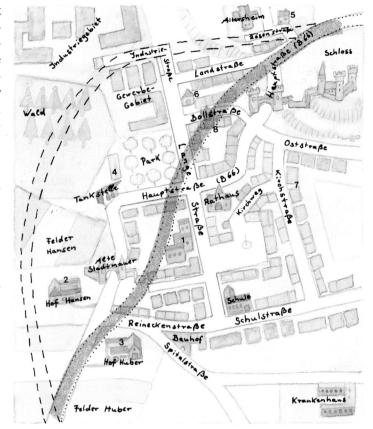

Die drei Vorschläge lauten:
a) die Stadttore und einige alte Häuser abreißen und die Bundesstraße vierspurig ausbauen;
b) eine Hochstraße bauen;
c) eine Umgehungsstraße westlich des Stadtgebiets bauen.

Übernehmen Sie in der „Bürgerversammlung" eine der folgenden Rollen. Überlegen Sie vorher sorgfältig, welche Interessen Sie haben und welche Folgen jeder Vorschlag für Sie hat, und entscheiden Sie sich dann für eine der drei Möglichkeiten. (Vielleicht fällt Ihnen sogar noch eine bessere ein.)

Frau Abt, Mutter von 2 Schulkindern Lange Straße 78 ⑥	Bauer Hansen ②	Sprecher der Bürgerinitiative „Grünflächen für Grüntal"	Inhaber der Tankstelle ④
Vertreter des Straßenbauamtes	Vertreter der Einzelhandelsgeschäfte an der B 66		Bürgermeister
		Sprecher des Fremdenverkehrsverbandes Grüntal	Besitzer des Fachwerkhauses Bollstr.13 ⑧
Arzt des Krankenhauses ⑤	Bewohner des Altersheims „Abendruh"		
Bauer Huber ③	Bewohner Kirchstr.13 ⑦	Sprecher der Bürgerinitiative „Weg mit der B 66"	Bewohner des Mietshauses Lange Str. 35 ①

Lesson-by-Lesson Grammar Summary

Colour code:	Signal for inversion	Subject	Verb	Subject	Unstressed obligatory complement	*Angabe	Obligatory complement	Verb

*Angabe = Additional information (has no obligatory position in the structure of the sentence).

Lektion 1

1. Reflexive verbs / Verbs used as reflexives

a) In a sentence

② P. 154, 1

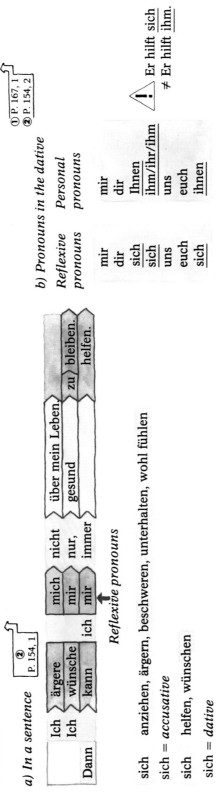

Ich	ärgere	mich	nicht	über mein Leben.	
Ich	wünsche	mir	nur,	gesund	zu bleiben.
Dann	kann	ich	mir	immer	helfen.

Reflexive pronouns

sich   anziehen, ärgern, beschweren, unterhalten, wohl fühlen
sich = *accusative*

sich   helfen, wünschen
sich = *dative*

b) Pronouns in the dative

Reflexive pronouns	*Personal pronouns*
mir	mir
dir	dir
sich	Ihnen
sich	ihm/ihr/ihm
uns	uns
euch	euch
sich	ihnen

① P. 167, 1
② P. 154, 2

⚠ Er hilft sich ihm.
≠ Er hilft ihm.

Er hilft ihr
Sie hilft ihm
Sie helfen sich.

⚠ sich = *dative*

2. Verbs used reciprocally

② P. 154, 1

Sie lernt   ihn kennen. – Er lernt   sie kennen. – Die beiden lernen   sich kennen.
Sie besucht ihn.   – Er besucht sie.   – Sie   besuchen sich.
Sie verliebt sich in ihn. – Er verliebt sich in sie. – Sie   verlieben sich.

sich = *accusative*

3. Accusative complement + dative complement as unstressed complements

P. 168, 2

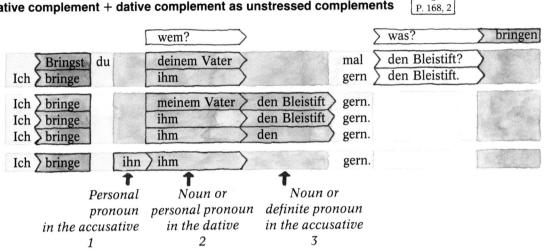

	Personal pronoun in the accusative 1	Noun or personal pronoun in the dative 2	Noun or definite pronoun in the accusative 3

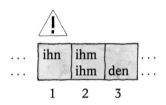

...	ihn	ihm		...
...		ihm	den	...
	1	2	3	

Contrast:

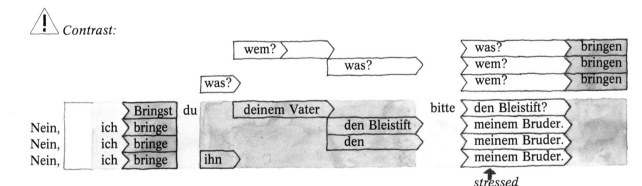

stressed

4. Verbs with prepositions as complements

| für . . . (Acc.) | sprechen
streiken
brauchen
demonstrieren
sein
sparen
ausgeben |
| sich für (Acc.) | interessieren |

| über . . . (Acc.) | lachen
nachdenken
sprechen
schimpfen
berichten |
| sich über (Acc.) | aufregen
ärgern
beschweren
freuen
unterhalten |

gegen . . . (Acc.)	sein etwas haben streiken demonstrieren
von . . . (Dat.)	sprechen erzählen
an . . . (Acc.)	denken
an . . . (Dat.)	kritisieren finden
nach . . . (Dat.)	fragen

zwischen . . . (Dat.)	wählen
sich zwischen (Dat.)	entscheiden
zu . . . (Dat.)	sagen brauchen gehören
auf . . . (Acc.)	warten reagieren steigen
auf (Acc.)	freuen
mit . . . (Dat.)	spielen vergleichen (zusammen) wohnen zusammenarbeiten
sich mit (Dat.)	unterhalten

Lektion 2

1. Prepositions (indicating location)

① P. 158, 2
① P. 170, 2

a) Preposition + noun

um	+ *noun in accusative*	Er wohnt gleich um die Ecke. Er geht um die Ecke.
gegenüber **entlang**	+ *noun in dative*	Ich wohne gegenüber dem Park. Entlang dem Fluß gibt es viele schöne Wege.
außerhalb **innerhalb**	+ *noun in genitive*	Wir wohnen außerhalb des Zentrums. Sie wohnen innerhalb der Stadt.

b) Noun + preposition

Noun in dative	+ **gegenüber**	Ich wohne dem Park gegenüber.

c) Preposition + noun + preposition

an	+	*noun in dative*	+	**entlang** **(vorbei)**	Ich gehe oft am Fluß entlang spazieren. (Ich komme oft an der Brücke vorbei.)

① P. 171, 6

d) Adverbs of place: derived from prepositions

Die Bank ist gleich <u>neben der Post</u>. – Die Bank ist gleich <u>nebenan</u>.
Das Kino ist <u>gegenüber dem Park</u>. – Das Kino ist <u>gegenüber</u>.
Er wohnt <u>außerhalb der Stadt</u>. – Er wohnt <u>außerhalb</u>.

2. Compound nouns

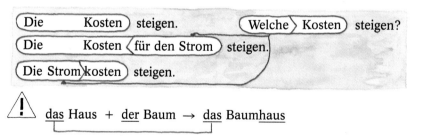

(Die   Kosten) steigen.   (Welche ⟩ Kosten) steigen?
(Die   Kosten ⟨ für den Strom ⟩ steigen.
(Die Strom ⟩ kosten) steigen.

⚠ <u>das</u> Haus + <u>der</u> Baum → <u>das</u> Baum<u>haus</u>

a) Noun + noun

die	Kosten
die	Stromkosten
die	Wasserkosten
die	Fahrtkosten
das	Haus
das	Baumhaus
das	Traumhaus

b) Noun + -(e)s, -(e)n + noun

die	Heizungskosten
der	Wohnungsmarkt
der	Wohnungsbau
der	Arbeitsplatz
das	Jahreseinkommen

die	Etagenwohnung
das	Wochenende
das	Bauernhaus
das	Einfamilienhaus
das	Reihenhaus

c) Noun in plural + noun

der	Städtebau
der	Hundebaum

d) Verb stem + noun

der	Wohnwunsch
die	Wohngegend
das	Wohneigentum
das	Eßzimmer

e) Adjective + noun

die	Großstadt
die	Zentralheizung
der	Freiraum

3. „Etwas" and „nichts"

① P. 169, 5

a) etwas / nichts + *adjective*

Das ist	eine wichtige Sache.
	etwas Wichtiges.

Das ist	keine wichtige Sache.
	nichts Wichtiges.

Ich habe	eine wichtigere Sache	zu tun.
	etwas Wichtigeres	

Sie hat	keine wichtigere Sache	zu tun.
	nichts Wichtigeres	

Das ist	die wichtigste Sache.
	das Wichtigste.

Das ist	nicht die wichtigste Sache.
	nicht das Wichtigste.

likewise:	eine schöne	Sache	–	etwas Schönes	/	nichts Schönes
	eine gute	Sache	–	etwas Gutes	/	nichts Gutes
	eine besondere	Sache	–	etwas Besonderes	/	nichts Besonderes

b) etwas / nichts + zu + *infinitive*

Ich brauche	etwas zu essen.
	nichts zu essen.

4. Passive: Passive perfect / modal verbs and the passive

① P. 164, 3
② P. 157, 2

a) In a sentence

Active:

die Wohnung kündigen	
die Wohnung gekündigt haben	

Modal verb:	Man	kann	mir	die Wohnung kündigen.
Perfect:	Man	hat	mir	die Wohnung gekündigt.

Passive:

gekündigt werden
gekündigt worden sein

Modal verb:	Die Wohnung kann	mir		gekündigt werden.
Perfect:	Die Wohnung ist	mir		gekündigt worden.

b) Formation of the perfect passive

Perfect passive = sein + *past participle* + worden

ich	bin	geholt worden		wir	sind geholt worden	
du	bist	geholt worden		ihr	seid geholt worden	
Sie	sind	geholt worden		sie	sind geholt worden	
er						
sie	ist	geholt worden				
es						

Lektion 3

1. Prepositional attributes

① P. 170-1, 1-6
② P. 162, 3 + 4

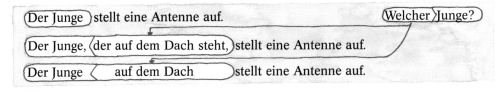

Der Junge stellt eine Antenne auf.　　　Welcher Junge?

Der Junge, der auf dem Dach steht, stellt eine Antenne auf.

Der Junge auf dem Dach stellt eine Antenne auf.

der Mann, der <u>Boot</u> fährt	– der Mann <u>im Boot</u>
die Frau, die <u>auf der Wiese</u> liegt	– die Frau <u>auf der Wiese</u>
das Kind, das <u>unter dem Tisch</u> sitzt	– das Kind <u>unter dem Tisch</u>
die Leute, die <u>am Tisch</u> sitzen	– die Leute <u>am Tisch</u>

indicating location

der Mann, der eine Zigarre raucht...	– der Mann mit (der) Zigarre
die Frau, die eine Brille trägt	– die Frau mit (der) Brille
die Leute, die Blumen mitbringen	– die Leute mit (den) Blumen
die Leute, die keine Blumen mitbringen	– die Leute ohne Blumen

↑
indicating possession

 Adjective + noun + prepositional attribute:

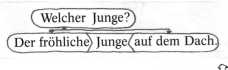

(Welcher Junge?)

(Der fröhliche) Junge (auf dem Dach.)

2. „hin" + preposition ① P 171, 4 + 5

a) *Movement → goal*   wohin? – dorthin

Er steigt...	auf den Berg.	nach oben.	hinauf.
Sie geht...	unter die Brücke.	nach unten.	hinunter.
Wir gehen...	über die Straße.	nach drüben.	hinüber.
Er ist...	aus dem Haus gegangen.	nach draußen gegangen.	hinausgegangen.
Sie ist...	ins Haus gegangen.	nach drinnen gegangen.	hineingegangen.

   hin unter fahren

└─ hin + *preposition* ┘ + verb = 1 word
            ↑
separable verb prefix

b) *Movement – route (→ goal)*

Wir sind mit dem Rad	den Rhein	hinauf	bis Straßburg	gefahren.
	das Rheintal	hinunter	nach Linz	
	am Rhein	entlang		
	an Trier	vorbei		

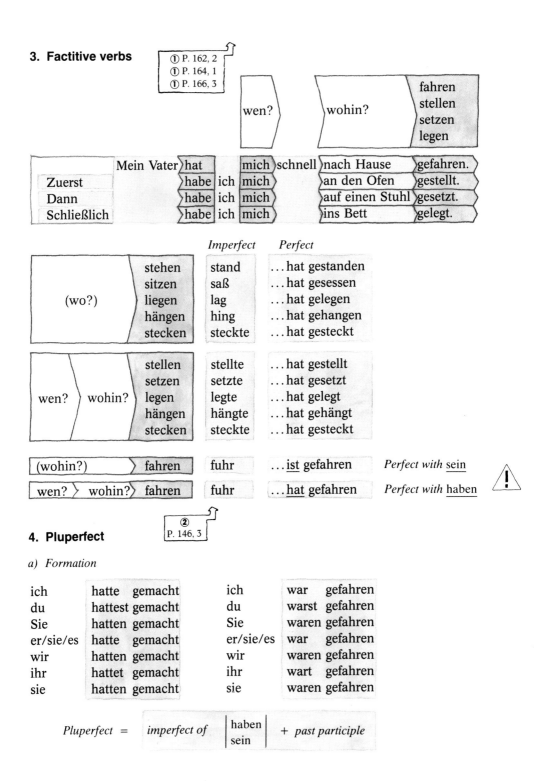

3. Factitive verbs

① P. 162, 2
① P. 164, 1
① P. 166, 3

wen? — wohin? — fahren / stellen / setzen / legen

	Mein Vater hat	mich	schnell	nach Hause	gefahren.
Zuerst	habe ich	mich		an den Ofen	gestellt.
Dann	habe ich	mich		auf einen Stuhl	gesetzt.
Schließlich	habe ich	mich		ins Bett	gelegt.

(wo?)	Imperfect	Perfect
stehen	stand	…hat gestanden
sitzen	saß	…hat gesessen
liegen	lag	…hat gelegen
hängen	hing	…hat gehangen
stecken	steckte	…hat gesteckt

wen? wohin?	Imperfect	Perfect
stellen	stellte	…hat gestellt
setzen	setzte	…hat gesetzt
legen	legte	…hat gelegt
hängen	hängte	…hat gehängt
stecken	steckte	…hat gesteckt

	Imperfect	Perfect	
(wohin?) fahren	fuhr	…ist gefahren	Perfect with sein
wen? wohin? fahren	fuhr	…hat gefahren	Perfect with haben

4. Pluperfect

② P. 146, 3

a) Formation

ich	hatte gemacht	ich	war gefahren
du	hattest gemacht	du	warst gefahren
Sie	hatten gemacht	Sie	waren gefahren
er/sie/es	hatte gemacht	er/sie/es	war gefahren
wir	hatten gemacht	wir	waren gefahren
ihr	hattet gemacht	ihr	wart gefahren
sie	hatten gemacht	sie	waren gefahren

Pluperfect = imperfect of haben / sein + past participle

b) in a sentence

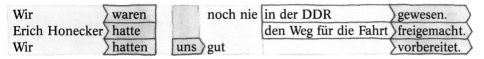

Wir	waren		noch nie	in der DDR	gewesen.
Erich Honecker	hatte			den Weg für die Fahrt	freigemacht.
Wir	hatten	uns	gut		vorbereitet.

c) in a text

Before the journey:	*During the journey*	*After the journey:*
(Preparations, etc.)	*(the events which are*	*(What are the results?*
	to be related)	*What are the writer's*
		thoughts today?)

| Erich Honecker <u>hatte</u> den Weg <u>freigemacht</u>. Wir <u>hatten</u> uns gut <u>vorbereitet</u>. Wir <u>hatten</u> uns alles ganz anders <u>vorgestellt</u>. | Am 4. Juni <u>startete</u> unser Reisebus. Die Tore <u>öffneten</u> sich. Wir <u>rollten</u> durch die Republik nach Norden. | Die Schüler <u>haben</u> ihre Eindrücke <u>aufgeschrieben</u>. Carola <u>beginnt</u> ihren Bericht so: „...". |

| *Pluperfect* | *Imperfect* | *Perfect/Present* |

5. Future

① P. 164, 3

a) Formation

ich	werde	machen
du	wirst	machen
Sie	werden	machen
er/sie/es	wird	machen
wir	werden	machen
ihr	werdet	machen
sie	werden	machen

Future = werden + infinitive

b) in a sentence

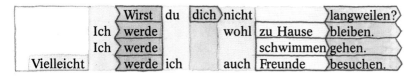

		Wirst	du	dich	nicht		langweilen?
	Ich	werde			wohl	zu Hause	bleiben.
	Ich	werde				schwimmen	gehen.
Vielleicht		werde	ich		auch	Freunde	besuchen.

c) in a text

Statements about future events	Assumptions about the future or present
Future or present + time, etc.	*Future, mostly + wohl, vielleicht, . . .*

Ich <u>werde</u> eine Schiffsreise durch die
Ostsee <u>machen</u>.
Im Sommer <u>mache</u> ich eine Schiffsreise
durch die Ostsee.

Ich <u>werde</u> wohl zu Hause <u>bleiben</u>.
Klaus ist nicht gekommen. Er <u>wird</u> (wohl)
krank <u>sein</u>.

6. Emphasis and reference back to previous statement

	Es	gibt		im Urlaub	jede Menge angenehme Beschäftigungen.
Angenehme Beschäftigungen		gibt	es	auch zu Hause	jede Menge.
Die		gibt	es	auch zu Hause	jede Menge.

Emphasis/stress: repetition or pronoun
An expression or thought is repeated and stressed.

①
P. 163, 4

Verbal (direct) reference:

Magst du <u>große Hitze</u>?

<u>Große Hitze</u> hasse ich.

Mental (indirect) reference:

Du könntest <u>Museen und Theater</u> besuchen.

<u>Kultur</u> strengt mich immer so an.

Lektion 4

1. Imperfect passive

②
P. 157, 2

a) Formation

ich	wurde	geholt	wir	wurden	geholt
du	wurdest	geholt	ihr	wurdet	geholt
Sie	wurden	geholt	sie	wurden	geholt
er/sie/es	wurde	geholt			

Imperfect passive =
Imperfect of werden *+ past participle*

b) in a sentence

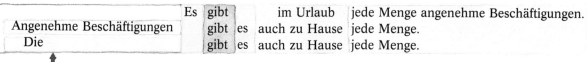

	Die Buchhaltung	wurde		im Stehen	gemacht.
	Konfektionskleider	wurden		von Hand	genäht.
Auch in der Schwerindustrie		wurde	vieles	von Hand	gemacht.

2. Perfect passive and statal passive

① P. 161, 3
② P. 157, 2

Perfect passive = process; action

| Zuerst | ist | dieser Text | mit Maschine | | geschrieben | worden. |
| Dann | ist | er | in Donauwörth | | gedruckt | worden. |

Participle = part of the verb

Statal passive = condition, result

| Zuerst | war | dieser Text | mit Maschine | geschrieben. |
| Jetzt | ist | er | | gedruckt. |

Participle = qualifying complement

Imperfect passive:
What happened originally?

Perfect passive:
What important processes occurred after that?

Statal passive:
What is the condition/ situation today?

Schon vor zwei Jahren wur-den die ersten Materialien für Los geht's! 3 gesammelt. Im Verlag wurde die Planung besprochen, und der Umfang des Buches wurde festgelegt.

Zunächst ist das Manuskript von den Autoren geschrieben wor-den. Dann sind die Fotos, die Zeichnungen und das Lay-out gemacht worden. Zum Schluß ist das Buch gedruckt worden.

Das Buch ist fertig: es ist gedruckt, viele Exempla-re sind an die Buchhänd-ler geliefert und schon verkauft. Und dieses hier ist sogar schon benutzt!

3. Passive with verbs followed by a dative complement

① P. 168, 3
② P. 157, 2

Active:

Man	hat	ihm			gekündigt.
Man	kann	ihm	vielleicht		helfen.
Man	bietet	ihm	vielleicht	eine neue Stellung	an.

Passive:

Ihm	ist			gekündigt	worden.
Vielleicht	kann	ihm		geholfen	werden.
Vielleicht	wird	ihm	eine neue Stellung	angeboten.

Passive with es:

Es	ist	ihm			gekündigt	worden.
Es	kann	ihm	vielleicht		geholfen	werden.
Es	wird	ihm	vielleicht	eine neue Stellung	angeboten.

4. Displacement

① P. 163, 4

a) *Displacement of the 'Angabe'*

Die Firma	hat	in den letzten Jahren	zuviele Leute	eingestellt.
Er	hat	von einer Firma im Ausland	ein Angebot	bekommen.
Er	ist	auf seinem Gebiet	ein Fachmann.	

Die Firma	hat		zuviele Leute	eingestellt	in den letzten Jahren.
Er	hat		ein Angebot	bekommen	von einer Firma im Ausland.
Er	ist		ein Fachmann		auf seinem Gebiet.

Space outside the sentence structure: displacement of the 'Angabe'

b) *Displacement of an attribute*

| eine Zeitung | für Arbeitslose | herausgeben |
| mit Ersatzteilen | für Computer | handeln |

| eine Zeitung | | herausgeben | für Arbeitslose |
| mit Ersatzteilen | | handeln | für Computer |

Er will eine Zeitung für Arbeitslose herausgeben.
Er will mit Ersatzteilen für Computer handeln.

Er will eine Zeitung herausgeben für Arbeitslose.
Er will mit Ersatzteilen handeln für Computer.

Lektion 5

1. Modal verbs

① P. 164, 3
② P. 145, 2

a) *Meaning of modal verbs:* müssen/nicht dürfen/nicht brauchen

Necessity, obligation:

Wir mußten immer eine Mütze tragen. = Wir waren gezwungen, eine Mütze zu tragen.

Prohibition:

Wir durften nie eine Mütze tragen. = Es war verboten, eine Mütze zu tragen.

Possibility, no necessity:

Wir brauchten keine Mütze tragen. = Es war nicht notwendig, eine Mütze zu tragen.

b) 'Brauchen' as a modal verb

ich	brauche		
du	brauchst	nicht	im Kreis sitzen
Sie	brauchen	nie	eine Mütze tragen
er		nichts	sagen
sie	braucht	keine	Hausaufgaben machen
es		nur	einen guten Vorschlag machen
wir	brauchen		
ihr	braucht		
sie	brauchen		

brauchen +

nicht...
nie...
nichts...
kein...
...
_____
nur...
kaum...
wenig...
...

⚠ ich darf er darf
  ich brauche er braucht

brauchen as a modal verb: always with negation or limitation

> Ich brauche keine Hausaufgaben zu machen.

Elevated use of language: brauchen + zu + *infinitive*

c) Modal verbs: perfect

Modal verb as a free-standing verb: [P. 146, 3]

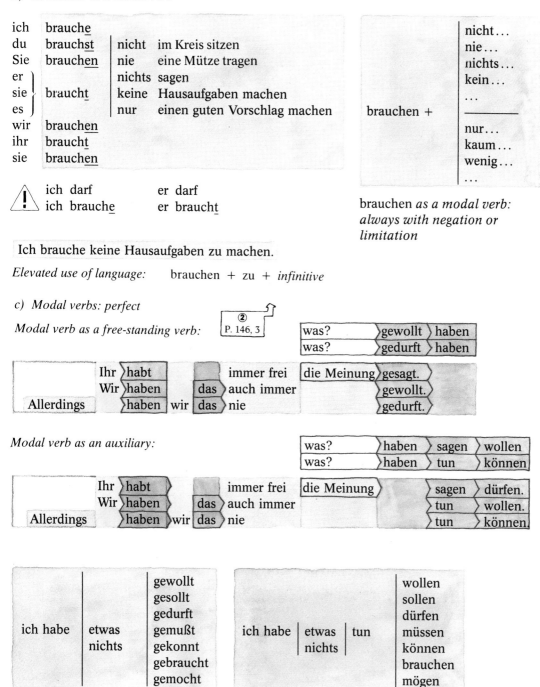

was? > gewollt > haben
was? > gedurft > haben

	Ihr habt			immer frei	die Meinung gesagt.
Wir haben		das	auch immer		gewollt.
Allerdings	haben	wir	das	nie	gedurft.

Modal verb as an auxiliary:

was? > haben > sagen > wollen
was? > haben > tun > können

	Ihr habt			immer frei	die Meinung > sagen > dürfen.
Wir haben		das	auch immer		tun > wollen.
Allerdings	haben	wir	das	nie	tun > können.

| ich habe | etwas nichts | gewollt gesollt gedurft gemußt gekonnt gebraucht gemocht | ich habe | etwas nichts | tun | wollen sollen dürfen müssen können brauchen mögen |

Modal verb as a free-standing verb: Past participle   *Modal verb as an auxiliary: Infinitive*

2. Word formation: nouns derived from adjectives

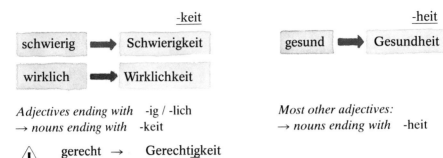

-keit		-heit
schwierig ➡ Schwierigkeit		gesund ➡ Gesundheit
wirklich ➡ Wirklichkeit		

Adjectives ending with -ig / -lich
→ *nouns ending with* -keit

Most other adjectives:
→ *nouns ending with* -heit

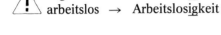

gerecht   →   Gerechtigkeit
arbeitslos →   Arbeitslosigkeit

3. Conditional of strong verbs

② P. 155, 4

a) Formation

	Present	Imperfect	Conditional
ich	komme	kam	käme
du	kommst	kamst	kämst
Sie	kommen	kamen	kämen
er/sie/es	kommt	kam	käme
wir	kommen	kamen	kämen
ihr	kommt	kamt	kämt
sie	kommen	kamen	kämen

Endings in the conditional

ich -e	wir -en
du -st	ihr -t
Sie -en	sie -en
er -e	

Conditional of the most important strong verbs:

Infinitive	3. Pers. Sg. imperfect	3. Pers. Sg. conditional	Infinitive	3. Pers. Sg. imperfect	3. Pers. Sg. conditional
fahren	fuhr	führe	geben	gab	gäbe
tragen	trug	trüge	fliegen	flog	flöge
anfangen	fing an	finge an	schreiben	schrieb	schriebe
schlafen	schlief	schliefe	kommen	kam	käme
laufen	lief	liefe	bekommen	bekam	bekäme
sehen	sah	sähe	gehen	ging	ginge
essen	aß	äße	stehen	stand	stünde/ stände
finden	fand	fände			
tun	tat	täte			
denken	dachte	dächte			
bringen	brachte	brächte			
wissen	wußte	wüßte			

b) In a sentence

Simple conditional	*Conditional with 'würde'*
München <u>käme</u> für mich nicht in Frage.	München <u>würde</u> für mich nicht in Frage <u>kommen</u>.
Für mich <u>gäbe</u> es keinen Grund, in München zu studieren.	Für mich <u>würde</u> es keinen Grund <u>geben</u>, in München zu studieren.
Ich <u>ginge</u> lieber in eine andere Stadt. Wenn ich ein schönes Zimmer <u>fände</u>, <u>bliebe</u> ich in München.	Ich <u>würde</u> lieber in eine andere Stadt <u>gehen</u>. Wenn ich ein schönes Zimmer <u>finden würde</u>, <u>würde</u> ich in München <u>bleiben</u>.

Use:

– *modal verbs:*	*almost always simple conditional*	könnte / müßte / dürfte / sollte / wollte / bräuchte
– sein *and* haben:	*almost always simple conditional*	wäre / hätte
– *strong verbs:*	*mostly simple conditional*	gäbe / fände / käme / …
– *weak verbs:*	*almost always conditional with* 'würde'	würde arbeiten / würde sagen / würde …

4. Double conjunctions

P. 152, 3

a) Within a sentence

Man wird	entweder sowohl weder	in Mathematik	oder als auch noch	in Informatik unterrichtet.
	teils zwar zwar	in Mathematik,	teils aber auch aber nicht	

⎣———— *2 conjunctions* ————⎤

b) Between sentences

<u>Teils</u>	will ich		<u>teils</u>	will ich		
<u>Weder</u>	will ich	wiederholen,	<u>noch</u>	will ich		weiterlernen.
<u>Entweder</u>	will ich		<u>oder</u>	ich will		
<u>Zwar</u>	will ich		<u>aber</u>	ich will	auch	

Lektion 6

1. Relative pronouns of generalisation

② P. 162, 3 + 4

a) Interrogative pronouns as relative pronouns

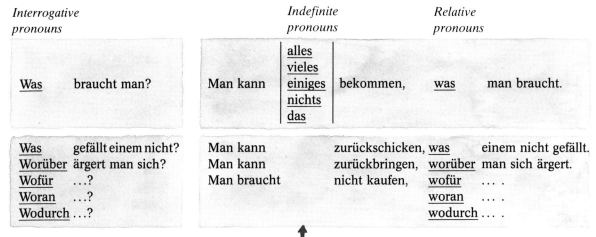

Interrogative pronouns		Indefinite pronouns		Relative pronouns	
Was	braucht man?	Man kann	alles / vieles / einiges / nichts / das	bekommen,	was	man braucht.

Was	gefällt einem nicht?	Man kann	zurückschicken,	was	einem nicht gefällt.
Worüber	ärgert man sich?	Man kann	zurückbringen,	worüber	man sich ärgert.
Wofür	...?	Man braucht	nicht kaufen,	wofür	... .
Woran	...?			woran	... .
Wodurch	...?			wodurch	... .

↑ *Indefinite pronouns can be dropped!*

b) Interrogatives as relative pronouns

Interrogative		Relative pronoun		
Wo	wohnt er?	Ich kenne die Gegend,	wo (in der)	er wohnt.
Wie	arbeitet sie?	Ich kenne die Art,	wie (in der)	sie arbeitet.
Warum	kommt er nicht?	Ich kenne den Grund,	warum (aus dem)	er nicht kommt.

 but:

Wann	hat er geheiratet?	Das war die Zeit,	als (in der)	er geheiratet hat.

2. Present and past participles

② P. 147, 1

a) Formation

Infinitive	Pres. part.	Past part.	
warten	wartend	gewartet	
kaufen	kaufend	gekauft	*Present participle = infinitive + d*
sehen	sehend	gesehen	
stehen	stehend	gestanden	*Past participle of strong and mixed verbs:*
kommen	kommend	gekommen	*see Level 2, page 166*
sein	seiend	gewesen	
tun	tuend	getan	

b) Participles as attributes

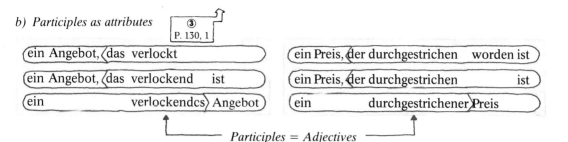

③ P. 130, 1

ein Angebot, das verlockt

ein Angebot, das verlockend ist

ein verlockendes Angebot

ein Preis, der durchgestrichen worden ist

ein Preis, der durchgestrichen ist

ein durchgestrichener Preis

Participles = Adjectives

c) Appositional use of participles as attributes

Die Angebote stehen in Augenhöhe.

Ich habe die in Augenhöhe stehenden Angebote bemerkt.

Die Fläche ist absichtlich offen gelassen worden.

Hast du die absichtlich offen gelassene Fläche gesehen?

3. Adverbs of place → adjectives

Adverb	*Adjective*		*Adjective in the superlative*	
oben	der	obere Knopf	der	oberste Knopf
hinten	das	hintere Regal	das	hinterste Regal
vorn(e)	der	vordere Stuhl	der	vorderste Stuhl
rechts	die	rechte Tür	–	
links	das	linke Auge	–	

4. Perfect conditional

② P. 155, 4
③ P. 138, 3

a) Formation

Ich hätte nicht gedacht, daß soviele Leute Telefon haben.
Ich hätte erwartet, daß mehr Leute ein Motorrad besitzen.
Ich wäre überrascht gewesen, wenn es anders wäre.

Perfect conditional = conditional of | haben / sein | *+ past participle*

b) Meaning

Das hätte ich nicht gedacht.   *(It is different to my expectations.)*
An deiner Stelle wäre ich nicht gekommen.   *(I think it is wrong that you have come.)*

c) Summary: wenn-clauses

Wenn sie <u>kommt,</u> | <u>gehen</u> wir ins Kino.
| <u>werden</u> wir ins Kino gehen.

(I don't know if she's coming, so I don't know if we are going to the cinema.)

Present + present or future

Wenn sie <u>käme,</u> | <u>gingen</u> wir ins Kino.
| <u>würden</u> wir ins Kino gehen.

(It is unlikely that she will come, so it is unlikely that we are going to the cinema.)

Conditional + conditional

Wenn sie <u>gekommen wäre,</u>
<u>wären</u> wir ins Kino <u>gegangen.</u>

(She didn't come, so we didn't go to the cinema.)

Perfect conditional + perfect conditional

5. „haben" / „sein" + „zu" + infinitive   ② P. 158, 1

a) Possibility

Der Automat <u>ist</u> auch abends <u>zu benutzen.</u>
Die Tür <u>ist</u> einfach <u>zu öffnen.</u>

Der Automat <u>kann</u> auch abends benutzt werden.
Die Tür <u>läßt</u> sich einfach öffnen (... <u>kann</u> einfach geöffnet werden).

b) Necessity/compulsion/regulation

Wie <u>sind</u> diese Geräte <u>zu bedienen</u>?
Der Kredit <u>ist</u> in 2 Jahren <u>zurück zu zahlen.</u>

Wie <u>müssen</u> diese Geräte bedient werden?
Der Kredit <u>muß</u> in 2 Jahren zurückgezahlt werden.

Wie <u>hat</u> man diese Geräte <u>zu bedienen</u>?
Ich <u>habe</u> den Kredit in 2 Jahren <u>zurück zu zahlen.</u>

Wie <u>muß</u> man diese Geräte bedienen?
Ich <u>muß</u> den Kredit in 2 Jahren zurückzahlen.

6. The meaning of modal verbs   ① P. 164, 3 ② P. 145, 2

Das <u>könnte</u> ein Hut sein. *(Possibility)*
Das <u>dürfte</u> (wohl) ein Hut sein. *(Assumption)*
Das <u>muß</u> ein Hut sein. *(Certain assumption)*
Das <u>kann</u> nur ein Hut sein. *(Certain assumption)*
Er <u>soll</u> ausgewandert sein. *(Assertion about something past)*
Er <u>soll</u> verheiratet sein. *(Assertion about something present)*
Sie <u>sollen</u> zum Chef kommen. *(Repetition of a request)*
Sie <u>möchten</u> zum Chef kommen. *(Repetition of a request)*

7. Word formation: nouns derived from verbs

Noun = infinitive

vertrauen	das Vertrauen
verhalten	das Verhalten
wissen	das Wissen
verfahren	das Verfahren

Noun = individual form

fliegen	der Flug
wünschen	der Wunsch
kaufen	der Kauf
verkaufen	der Verkauf
bauen	der Bau
beginnen	der Beginn

Noun = verb stem + -ung

beschreiben	die Beschreibung
lösen	die Lösung
werben	die Werbung
ausbilden	die Ausbildung
prüfen	die Prüfung

Verbs ending with -ieren → nouns ending with -ation

informieren	die Information
demonstrieren	die Demonstration
organisieren	die Organisation

Noun = verb stem + -er(in)

verkaufen	der Verkäufer
	die Verkäuferin
kaufen	der Käufer
	die Käuferin
handeln	der Händler
	die Händlerin

① P. 166, 4
② P. 150, 6; P. 156, 1

8. Word formation: adjectives

a) Adjectives ending with -ig, -lich, -isch

Noun	Adjective	Noun	Adjective	Noun	Adjective
Ruhe	ruhig	Unterschied	unterschiedlich	Ausland	ausländisch
Nebel	neblig	Bild	bildlich	Biologie	biologisch
Eile	eilig	Freund	freundlich	Schule	schulisch
Trauer	traurig	Tag	täglich	Medizin	medizinisch

Verb	Adjective	Verb	Adjective
abhängen	abhängig	anfangen	anfänglich
gelten	gültig	ärgern	ärgerlich
bluten	blutig	nützen	nützlich

b) Adjectives ending with -voll, -los, -reich, -arm, -bar, -wert

Noun	*Adjective*	*Adjective*	*(opposite)*
Sinn	sinn<u>voll</u>	sinn<u>los</u>	*(= ohne Sinn)*
Wert	wert<u>voll</u>	wert<u>los</u>	*(= ohne Wert)*
Phantasie	phantasie<u>voll</u>	phantasie<u>los</u>	*(= ohne Phantasie)*
Liebe	liebe<u>voll</u>	lieb<u>los</u>	*(= ohne Liebe)*

Erfolg	erfolg<u>reich</u>	erfolg<u>los</u>	*(= ohne Erfolg)*
Zahl	zahl<u>reich</u>	zahl<u>los</u>	*(= sehr viele; man kann sie nicht zählen)*

⚠ Idee	ideen<u>reich</u>	ideen<u>arm</u>	*(= arm an Ideen)*

Verb	*Adjective*	
erkennen	erkenn<u>bar</u>	*(= man kann es erkennen, spüren, messen, sehen…)*
spüren	spür<u>bar</u>	
messen	meß<u>bar</u>	

⚠ sehen	sicht<u>bar</u>	

⚠ halten	halt<u>bar</u>	*(= die Milch hält sich; sie ist haltbar)*

⚠ scheinen	schein<u>bar</u>	*(= es scheint nur so; es ist scheinbar so)*

Noun or Verb	*Adjective*	
Preis	preis<u>wert</u>	*(= es ist seinen Preis wert)*
wünschen	wünschens<u>wert</u>	*(= es lohnt sich, es zu wünschen)*
bedauern	bedauerns<u>wert</u>	*(= man muß ihn/sie bedauern)*

Lektion 7

1. Attributive adjective without preceding article, and after „etwas"/„einige", „wenig(e)", „viel(e)"

② P. 150, 6

a) Formation   *Singular:*

Nominative

Ø	frischer Fisch
etwas	heiße Suppe
wenig	kaltes Bier
viel	

Accusative

Ø	frischen Fisch
etwas	heiße Suppe
wenig	kaltes Bier
viel	

Dative

Ø	frischem Fisch
etwas	heißer Suppe
wenig	kaltem Bier
viel	

Plural:

Nominative			*Accusative*			*Dative*	
Ø	frische Fische		Ø	frische Fische		Ø	frischen Fischen
einige	heiße Suppen		einige	heiße Suppen		einigen	heißen Suppen
wenige	kalte Biere		wenige	kalte Biere		wenigen	kalten Bieren
viele			viele			vielen	

b) Absence of article in the text

Detailed report:

Key words / newspaper headlines
entry in dictionary / telegrams:

Der erste Mensch ist zu einem Weltraumflug gestartet.	Erster Mensch im Weltraum!
Der CDU-Politiker Ludwig Erhard wird der neue Bundeskanzler der Bundesrepublik.	Erhard wird neuer Bundeskanzler.
Erstmals seit… ist ein leichtes Ansteigen der Arbeitslosenzahl festzustellen.	Erstmals seit… leichtes Ansteigen der Arbeitslosenzahl.

2. Appositions and insertions

a) Preceding

Juri Gagarin startet als erster Mensch zu einem Weltraumflug. Juri Gagarin ist ein sowjetischer Kosmonaut.	Der sowjetische Kosmonaut Juri Gagarin startet als erster Mensch zu einem Weltraumflug.
Gustav Heinemann wird zum Bundespräsidenten gewählt. Er ist SPD-Politiker.	Der SPD-Politiker Gustav Heinemann wird zum Bundespräsidenten gewählt.

b) following

Im Hamburger Star-Club tritt eine unbekannte englische Musikgruppe auf. Die Musikgruppe heißt „die Beatles".	Im Hamburger Star-Club tritt eine unbekannte englische Musikgruppe, „die Beatles", auf.
Der Papst lehnt die Antibabypille ab. Die Antibabypille wird kurz „die Pille" genannt.	Der Papst lehnt die Antibabypille, kurz „Pille" genannt, ab.

c) Apposition with 'als'

Juri Gagarin ist der erste Mensch, der zu einem Weltraumflug startet.	Juri Gagarin startet als erster Mensch zu einem Weltraumflug.
	Als erster Mensch startet Juri Gagarin zu einem Weltraumflug.

3. Use of tenses in a narrative text

Pluperfect:
Background to an event

Peter hatte mir eine Karte geschenkt.
Meinen Eltern hatte ich erzählt, ich wäre bei einer Freundin zu einer Party eingeladen.

Imperfect:
Relating an experience

Die Uhr schlug dreimal, und dann endlich kamen sie! Der Saal kochte über. Aber sie nahmen ganz leise ihre Instrumente. Es begann mit...

Perfect:
Consequences of the experience

Meine Eltern haben erfahren, daß ich bei den Stones war. Sie haben eigentlich fab reagiert, ich habe wenig Krach gekriegt.

Present:
Comment on the experience / state of affairs in the present

Meine Reaktion war ganz anders. Ich verstehe es heute selbst nicht mehr.

Present:
A constant state of affairs (in the past and the present)

Mick hat zwei süße Grübchen, wenn er lacht. Er hat auch die Haare viel kürzer, als ich sie in Erinnerung habe.

4. Perfect: infinitive + „sehen"/„hören"/„lassen"

① P. 164, 1b
② P. 163, 1

Ich habe gesehen, wie der Mann kam.
Ich habe gehört, wie er an die Tür klopfte.
Ich wollte nicht gestört werden.

Ich habe den Mann		kommen	sehen.
Ich habe ihn	an die Tür	klopfen	hören.
Ich habe mich nicht		stören	lassen.

Infinitive

5. Perfect/pluperfect of modal verbs in subordinate clauses

② P. 145-6, 2 + 3
② P. 151, 1 + 2
③ P. 132, 4

Ich bin nicht aus der Telefonzelle gekommen,

| weil | | ich | | | meinen Freund | habe anrufen wollen. |
| obwohl | | ich | | ihn | | habe klopfen hören. |

Draußen stand mein Freund,

| | von dem | | ich | mich | nicht | habe stören lassen. |
| | den | | ich | | | hatte anrufen wollen. |

Agreement of the verb with the person

⚠ *likewise:* sehen/hören/lassen

	daß ich ihn	habe kommen sehen.
Ich erinnere mich,	daß ich ihn	habe klopfen hören.
	daß ich mich nicht	habe stören lassen.

Lektion 8

1. Indefinite pronoun „man", „jemand", „niemand"

① P. 169, 5

a) Formation

Nominative	man	jemand	niemand
Accusative	einen	jemanden	niemanden
Dative	einem	jemandem	niemandem
Genitive	—	jemandes	niemandes

⚠ *in colloquial speech:*

Accusative:	jemand / niemand
Dative:	jemand / niemand

b) in a sentence

<u>Man</u> kann sich doch nicht alles gefallen lassen.
Können die Politiker <u>einen</u> nicht in Ruhe lassen?
Was wollen die <u>einem</u> noch alles verbieten?

<u>Niemand</u> beachtet die Geschwindigkeitsbegrenzung.
Kennst du <u>jemand(en)</u>, der nie schneller als 100 fährt?
Es kann <u>niemand(em)</u> gleich sein, ob der Wald stirbt.

2. Articles: „derselbe" / „jener"

① P. 160, 1

Nominative	*Accusative*	*Dative*	*Genitive*
d<u>er</u> derselbe Mann jen<u>er</u>	d<u>en</u> denselben Mann jen<u>en</u>	d<u>em</u> demselben Mann jen<u>em</u>	d<u>es</u> desselben Mannes jen<u>es</u>
d<u>ie</u> dieselbe Frau jen<u>e</u>	d<u>ie</u> dieselbe Frau jen<u>e</u>	d<u>er</u> derselben Frau jen<u>er</u>	d<u>er</u> derselben Frau jen<u>er</u>
d<u>as</u> dasselbe Kind jen<u>es</u>	d<u>as</u> dasselbe Kind jen<u>es</u>	d<u>em</u> demselben Kind jen<u>em</u>	d<u>es</u> desselben Kindes jen<u>es</u>
d<u>ie</u> Männer dieselben Frauen jen<u>e</u> Kinder	d<u>ie</u> Männer dieselben Frauen jen<u>e</u> Kinder	d<u>en</u> Männern denselben Frauen jen<u>en</u> Kindern	d<u>er</u> Männer derselben Frauen jen<u>er</u> Kinder

⚠ derselbe/jener + *attributive adjective:*
Adjective forms as with der/die/das + *adjective*

② P. 150, 6

d<u>er</u>selbe jen<u>er</u>	klein<u>e</u> Mann	d<u>en</u>selb<u>en</u> jen<u>en</u>	klein<u>en</u> Mann

3. Articles as pronouns

a) ein-, kein-, mein-, dein-, Ihr-, sein-, ihr-, unser-, euer-, ihr-

① P. 160, 2
P. 167, 5
P. 169, 5

Das ist		ein	Auto.
Das ist		kein	Fahrrad.
Das ist		mein	Auto.
Er sucht		sein	Auto.
Wir kommen mit		unserem	Auto.

Das ist	eins.
Das ist	keins.
Das ist	meins.
Er sucht	seins.
Wir kommen mit	unserem.

↑ *Article*   ↑ *Pronoun*

 Nominative singular   *Accusative singular*

Mask.:	mein Führerschein	– meiner
Neutr.:	mein Auto	– meins
	Ihr Auto	– Ihres

meinen	Führerschein	– meinen
mein	Auto	– meins
Ihr	Auto	– Ihres

In all other forms the pronoun has the same form as the article.

b) der, derselbe, dieser, jener, jeder, mancher, welcher, einige, wenige, viele, alle

② P. 149, 3

These words, when used as pronouns, always have the same forms as the articles.

Der	Autofahrer fährt zu schnell.
Welcher	Autofahrer fährt zu schnell?
Dieser	Autofahrer fährt zu schnell.
Viele	Autofahrer fahren zu schnell.

Der	fährt zu schnell.
Welcher	fährt zu schnell?
Dieser	fährt zu schnell.
Viele	fahren zu schnell.

↑ *Article*   ↑ *Pronoun*

4. Verbs with special functions

Die Volksmeinung ist in Bewegung gekommen.

Dieser kritische Gedanke hat Eingang gefunden in das Denken der Bevölkerungsmehrheit.

Man muß zu den Argumenten anderer Stellung nehmen.

Ein Tempolimit würde Arbeitsplätze in Gefahr bringen.

Durch ein Tempolimit würden Arbeitsplätze in Gefahr kommen.

Die Volksmeinung hat sich bewegt.

Dieser kritische Gedanke ist in das Denken der Bevölkerungsmehrheit eingegangen.

Man muß zu den Argumenten anderer seine Meinung sagen.

Ein Tempolimit würde Arbeitsplätze gefährden.

Durch ein Tempolimit würden Arbeitsplätze gefährdet werden.

likewise:

in Ordnung bringen	in Ordnung kommen
in Zusammenhang bringen	in Zusammenhang kommen
in Stimmung bringen	in Stimmung kommen
in Bewegung bringen	in Bewegung kommen
auf eine Idee bringen	auf eine Idee kommen
zum Vorschein bringen	zum Vorschein kommen
zum Ausdruck bringen	zum Ausdruck kommen
—	in Frage kommen

Antwort geben	Antwort bekommen
Auskunft geben	Auskunft bekommen
Erlaubnis geben	Erlaubnis bekommen
Unterricht geben	Unterricht bekommen
Bescheid geben	Bescheid bekommen
einen Hinweis geben	einen Hinweis bekommen

eine Entdeckung machen
eine Erfindung machen
Angaben machen
Schluß machen

ein Gespräch führen
zu Ende führen

Hilfe leisten
den Fahneneid leisten

zur Verfügung stellen
Fragen stellen
einen Antrag stellen
Anforderungen stellen
eine Forderung stellen

im Mittelpunkt stehen
zur Verfügung stehen
in Verbindung stehen
auf dem Standpunkt stehen

Vocabulary List

As pupils should by this stage have access to German dictionaries, it is not felt necessary to include a comprehensive vocabulary list in Level 3. The list below, therefore, shows the key words and new vocabulary occurring in the questions only, not those occurring in the main reading passages. Each entry shows the page where the item first appears. Where the item is used in clearly distinct senses, the first occurrence of each separate meaning is shown.

Strong and irregular verbs are marked with an asterisk.

A

abholen to fetch *P. 97*
abnehmen* (i) to decrease *P. 104;* (ii) to take off *P. 104;* (iii) to lose *P. 104*
abschließen* to complete (a contract) *P. 62*
die **Abteilung, -en** department *P. 67*
der **Abschnitt, -e** paragraph *P. 100*
abziehen to deduct *P. 96*
der **Altbau, -ten** older-style building (built before 1.12.1949) *P. 21*
das **Alter** old age *P. 3*
das **Altersheim, e** old people's home *P. 3*
die **Änderung, -en** alteration *P. 61*
angeben* to give details of *P. 53*
der **Angestellte** (i) employee *P. 64;* (ii) white-collar worker *P. 96*
annehmen* to assume *P. 90*
sich etwas ansehen* to look at something *P. 39*
ansprechen* to address, speak to *P. 90*
die **Antenne, -n** aerial *P. 39*
das **Antragsformular, -e** application form *P. 80*
die **Anzeige, -n** (i) advert *P. 26;* (ii) parking ticket (literally 'notification') *P. 56*
der **Arbeitgeber, -** employer *P. 65*
der **Arbeitnehmer, -** person in employment *P. 5*
die **Arbeitslosigkeit** unemployment *P. 65*
der **Arbeitsplatz, ¨-e** job *P. 121*
die **Arbeitszeit** working hours *P. 40*
atmen to breathe *P. 104*
sich ärgern über (+ Acc.) to get annoyed at *P. 7*
aufhören to stop *P. 6*
aufbauen to organise, structure *P. 88*
der **Aufkleber, –** sticker *P. 117*
aufpassen auf (+ Acc.) to look after, keep an eye on *P. 3*
sich aufregen über (+ Acc.) to get excited, upset about *P. 7*
aufregend exciting *P. 52*
in Aufregung sein to be upset *P. 93*
die **Aufstellung, –en** (i) list, table *P. 59;* (ii) arrangement *P. 88*
einen Auftrag geben to commission, to place an order with *P. 92*
die **Ausbildung, -en** training *P. 56*
ausfüllen to fill in *P. 80*
die **Auskunft, ¨-e** information *P. 46*
die **Aussage, -n** statement *P. 72*
aussehen* to look, appear *P. 100*
die **Ausstattung, -en** fixtures and fittings *P. 24*

ausstellen to issue *P. 97*
die **Automatisierung** automation *P. 65*
die **Autowerkstatt, -stätten** garage (for car repair) *P. 25*

B

die **Bank, ¨-e** seat, bench *P. 39*
das **Bargeld** cash *P. 92*
der **Baupreis, -e** building price *P. 23*
die **Baustelle, -n** building-site *P. 30*
der **Bau, -ten** building *P. 20*
beachten to heed, note *P. 66*
sich beeilen to hurry *P. 10*
die **Begegnung, -en** meeting, encounter *P. 106*
der **Begriff, -e** concept, term *P. 114*
begründen to justify *P. 75*
behaupten to maintain *P. 95*
die **Behauptung, -en** statement, assertion *P. 90*
der **Beitrag, ¨-e** contribution *P. 6*
der **Bekannte, -n** acquaintance, friend *P. 40*
beraten* to advise *P. 61*
der **Bericht, -e** report *P. 61*
berufstätig in employment, pursuing a career *P. 114*
beschädigen to damage *P. 104*
die **Beschäftigung, -en** activity, occupation *P. 38*
Bescheid bekommen* to be notified *P. 80*
die **Beschreibung, -en** description *P. 92*
sich beschweren über (+ Acc.) to complain *P. 30*
besichtigen to view, look at *P. 40*
sich beteiligen an (+ Dat.) to participate *P. 75*
der **Beton** concrete *P. 20*
beurteilen to view, consider, judge *P. 106*
betragen* to total *P. 49*
der **Betrieb, -e** business, company *P. 64*
bewundern to admire *P. 116*
bezahlen to pay *P. 6*
sich beziehen* auf (+ Acc.) to refer to *P. 117*
die **Beziehung, -en** relationship *P. 108*
der **Bleistift, -e** pencil *P. 8*
blühen to bloom, flower *P. 104*
brauchen to need *P. 20*
die **Brille, -n** glasses, spectacles *P. 8*
der **Bundesbürger, -** West German citizen, citizen of the Federal Republic *P. 40*
die **Bundesregierung, -en** West German Government, Government of the Federal Republic *P. 5*
die **Bürgerinitiative, -n** citizen's action group *P. 124*

die **Bürgerversammlung, -en** public meeting *P. 124*
die **Bürste, -n** brush *P. 8*

D

der **Dachboden, ¨-** loft *P. 30*
deshalb therefore *P. 14*
drinnen inside *P. 100*
zu dritt in threes *P. 23*
die **Druckerei, -en** printing-works *P. 61*
der **Druckfilm, -e** film (for printing) *P. 62*
im Durchschnitt on average *P. 23*
durchschnittlich on average *P. 6*
durchsehen* to look through, check *P. 61*

E

die **Ehe, -n** marriage *P. 14*
der **Ehepartner, -** marriage partner, husband *P. 14*
das **Eigenheim, -e** house owned by its occupant *P. 23*
die **Eigentumswohnung, -en** one's own property *P. 24*
der **Eindruck, ¨-e** impression *P. 92*
das **Einfamilienhaus, ¨-er** detached house *P. 23*
einfallen* to occur *P. 124*
eingezeichnet marked *P. 53*
das **Einkommen, -** income *P. 40*
das **Einzelhandelsgeschäft, -e** retail business *P. 124*
die **Eisenbahn, -en** railway *P. 38*
endgültig final *P. 61*
die **Entfernung, -en** distance *P. 21*
entlassen* to dismiss *P. 64*
sich entscheiden* für to decide on *P. 78*
entstehen to be produced *P. 61*
die **Entwicklung, -en** development *P. 103*
die **Erde** earth *P. 20*
das **Ereignis, -se** event *P. 103*
der **Erfolg, -e** success *P. 90*
das **Ergebnis, -se** result *P. 88*
erhöhen to raise *P. 95*
die **Erholung, -en** relaxation *P. 40*
erkennen* to tell *P. 20*
sich erklären to account for *P. 115*
der **Ersatzteil, -e** spare, replacement parts *P. 87*
ersparen to save *P. 95*

F

das **Fachgeschäft** specialist shop *P. 87*
das **Fachwerkhaus, ¨-er** half-timbered house *P. 124*
auf keinen Fall under no circumstances *P. 90*
fällig due *P. 107*
die **Farbe, -n** paint *P. 8*
faul lazy *P. 38*

der **Fehler, -** mistake *P. 61*
festlegen to decide on *P. 61*
fördern to give extra help to *P. 75*
der **Fortschritt, -e** progress *P. 103*
der **Fotograf, -en** photographer *P. 51*
in Frage kommen to be possible, suitable *P. 49*
sich fragen to wonder *P. 90*
freiwillig voluntary *P. 81*
die **Freizeitmöglichkeit, -en** leisure facility *P. 41*
der **Freizeitzweck, -e** leisure purpose *P. 40*
die **Führungsposition, -en** managerial position *P. 64*

G
die **Gebrauchsanweisung, -en** instructions for use *P. 66*
die **Gebühr, -en** fee *P. 80*
in Gedanken sein* to daydream, be lost in thought *P. 38*
die **Gegenregel, -n** contradicting rule *P. 82*
die **Gegenwart** present (time) *P. 51*
das **Gehalt, "-er** salary *P. 23*
der **Geldautomat, -en** money dispenser, 'Autobank' *P. 97*
das **Gerät, -e** piece of equipment *P. 66*
geregelt (i) regular *P. 56*; (ii) controlled *P. 66*
die **Geschäftsleitung, -en** management *P. 61*
geschieden divorced *P. 96*
die **Geschwindigkeitsbegrenzung, -en** speed limit *P. 117*
die **Geschwindigkeitsempfehlung, -en** recommended speed *P. 122*
die **Gesellschaft, -en** society *P. 65*
das **Gesetz** law *P. 30*
die **Gewerkschaft, -en** trade union *P. 65*
der **Gewinn, -e** profit *P. 65*
die **Gewohnheit, -en** habit, pastime *P. 40*
gewöhnlich normally *P. 8*
glatt smooth *P. 107*
das **Glücksspiel, -e** game of chance *P. 90*
der **Grenzübergang, "-e** border crossing *P. 49*
die **Großeltern** (pl) grandparents *P. 3*
der **Grundstückspreis, -e** land price *P. 23*
die **Gurtpflicht, -en** seat-belt law *P. 121*

H
haltbar non-perishable *P. 91*
halten* von (+ Dat.) to think of, have an opinion about *P. 116*
die **Handlung, -en** activity *P. 48*
der **Handwerker** craftsman *P. 10*
häufig frequently *P. 40*
die **Hauptsache** main, essential point *P. 114*
die **Hauptverkehrsstraße, -n** main, trunk road *P. 22*
der **Haushalt, -e** household *P. 23*
die **Hautcreme** skin cream *P. 90*
das **Heimwerken** household repairs, D.I.Y. *P. 40*
die **Heiratsanzeige, -n** announcement of marriage *P. 91*
die **Heiratsvermittlung, -en** marriage agency, bureau *P. 90*
heizen to heat *P. 20*

der **Hersteller, -** member of production team in a publishing company *P. 61*
die **Herstellung** production *P. 61*
das **Hochhaus, "-er** high-rise building *P. 21*
der **Höhepunkt, -e** peak, climax *P. 104*
das **Holz** wood *P. 8*

I
der **Industriebetrieb, -e** industrial company *P. 47*
insgesamt a total of *P. 40*

J
je . . . desto the more . . . the more *P. 40*
jobben to work, do casual work *P. 58*

K
der **Kaminfeger, -** chimney sweep *P. 38*
das **Kassettengerät, -e** cassette recorder *P. 62*
der **Kasten, -** box *P. 61*
der **Keller, -** cellar *P. 30*
kennenlernen to get to know, become acquainted *P. 14*
das **Kernkraftwerk, -e** nuclear power station *P. 122*
das **Klopapier** loo paper *P. 90*
die **Kohle, -n** coal *P. 20*
der **Konsum** consumer society, materialism *P. 95*
kontaktfreudig sociable *P. 46*
der **Kugelschreiber, -** ball-point pen, biro *P. 8*
der **Kunststoff, -e** man-made material *P. 20*
kürzen to shorten *P. 14*

L
die **Ladenstraße, -n** shopping area *P. 87*
die **Laufzeit, -en** duration *P. 97*
unter Lebensgefahr at risk to one's life *P. 57*
die **Lebensmittel** (pl) foodstuffs *P. 22*
ledig single, unmarried *P. 6*
sich etwas leisten to afford something *P. 95*
der **Lektor, -en** editor *P. 61*
die **Liebesgeschichte, -n** love story *P. 14*
der **Lohn, "-e** wage *P. 23*
sich lohnen to be worthwhile *P. 49*
lösen to solve *P. 6*
die **Lösung, -en** solution *P. 6*
die **Lücke, -n** gap *P. 107*
die **Luftverschmutzung** air pollution *P. 117*

M
manchmal sometimes *P. 8*
die **Marke, -n** trade-name *P. 89*
der **Markenartikel, -** proprietary article *P. 87*
der **Maß, -e** dimension *P. 66*
meistens mostly *P. 8*
die **Meisterprüfung, -en** final craft examination (for apprentices) *P. 57*
merkwürdig strange *P. 100*
messen* to measure *P. 56*
das **Messer, -** knife *P. 8*
mieten to rent *P. 23*
die **Mietwohnung, -en** rented accommodation, flat *P. 31*

der **Mißerfolg, -e** failure *P. 56*
mitreden to take a part in discussions *P. 118*
der **Möbelschreiner, -** carpenter *P. 59*
möglicherweise possibly *P. 90*
der **Musiker, -** musician *P. 23*

N
die **Nachfrage, -n** demand *P. 121*
die **Nachkriegszeit** post-war period *P. 104*
die **Nadel, -n** needle *P. 89*
nähen to sew *P. 39*
das **Nahrungsmittel** food *P. 117*
der **Nebenjob, -s** supplementary job *P. 92*
nebenstehend adjacent *P. 40*
der **Neubau, -ten** modern building, building constructed since 1.12.1949 *P. 21*
neugierig curious, inquisitive *P. 46*
nichtberufstätig not in employment *P. 114*
niedrig low *P. 20*
die **Not, "-e** need *P. 92*

O
der **Oberbegriff, -e** main theme, heading *P. 115*
das **Öl** oil *P. 8*
ordnen to arrange *P. 26*

P
die **Politik, -en** policy, policies *P. 115*
der **Praktikant, -en** trainee *P. 97*
das **Preisschild, -er** price tag; sign with prices on *P. 92*
der **Prüfling, -e** exam candidate *P. 81*
eine Prüfung ablegen to take an exam *P. 81*
eine Prüfung bestehen* to pass an exam *P. 81*
der **Prüfungstermin, -e** examination date *P. 80*
die **Punktzahl, -en** score *P. 27*

R
Rat geben* to give advice *P. 92*
der **Ratgeber, -** guide *P. 88*
die **Rationalisierung, -en** rationalisation *P. 65*
der **Ratschlag, "-e** piece of advice *P. 83*
rechnen to calculate *P. 6*
das **Recht, -e** right *P. 30*
das **Regal, -e** shelf *P. 10*
in der Regel as a rule, in general *P. 92*
die **Reihenfolge, -n** sequence, order *P. 43*
der **Reisebürokaufmann (-leute)** travel agent *P. 11*
die **Rente, -n** pension *P. 5*
die **Rentenversicherung** pension insurance scheme, company *P. 6*
der **Rentner, -** pensioner *P. 5*
rund approximately *P. 23*

S
die **Schachtel, -n** packet *P. 89*
der **Schadstoff, -e** pollutant *P. 121*
der **Schalter, -** switch *P. 30*
die **Scheckkarte, -n** cheque card *P. 92*
die **Scheibe, -n** slice *P. 89*
die **Schere, -n** scissors *P. 92*
die **Scheune, -n** barn *P. 20*
das **Schild, -er** sign *P. 89*
schieben* to push *P. 26*

das **Schlafmittel** sleeping-pill *P. 90*
die **Schnellstraße, -n** main road *P. 30*
schließlich finally *P. 14*
die **Schrift, -en** handwriting *P. 56*
der **Schulabschluß, -schlüsse** school-leaver's certificate *P. 72*
die **Schuld, -en** debt *P. 92*
die **Schülervertretung, -en** school council *P. 75*
die **Seife** soap *P. 8*
der **Selbstbededienungsladen, "-** self-service shop *P. 89*
die **Sicherheit** security *P. 92*
die **Sicherheitsvorschrift, -en** safety instructions *P. 66*
der **Sieger, -** winner *P. 106*
sitzen* to fit *P. 104*
die **Sozialabgabe, -n** equivalent of 'National Insurance payments' *P. 96*
die **Sozialhilfe** equivalent of 'Department of Health and Social Security' *P. 96*
sparen to save *P. 6*
der **Speicher, -** attic, loft *P. 20*
die **Sportveranstaltung, -en** sporting event *P. 40*
die **Sprechblase, -n** speech bubble *P. 35*
die **Spritze, -n** injection *P. 56*
die **Staatsangehörigkeit** nationality *P. 97*
die **Stadtbücherei, -en** municipal, town library *P. 25*
der **Stall, "-e** stable *P. 20*
der **Standpunkt, -e** point of view, viewpoint *P. 65*
stattfinden* to take place *P. 65*
der **Stau, -s** congestion, bottleneck *P. 49*
die **Steckdose, -n** (electric) socket *P. 10*
der **Stecker, -** (electric) plug *P. 89*
der **Stein, -e** stone *P. 20*
die **Steuer, -n** tax *P. 96*
das **Stichwort, "-er** key word *P. 14*
stickwortartig using key-words *P. 103*
stimmen to vote *P. 104*
das **Stipendium, -dien** grant *P. 78*
das **Stockwerk, -e** storey *P. 20*
der **Stoff, -e** material *P. 89*
stören to wreck, destroy *P. 3*
das **Straßenbauamt, "-er** local authority planning department *P. 124*
streichen to paint, decorate *P. 29*
der **Streit, -e** argument *P. 3*
sich streiten* to argue *P. 14*
der **Strom** electricity, electric current *P. 20*
sich stürzen to leap *P. 39*

T
die **Tafel, -** bar *P. 89*
der **Tante-Emma-Laden** corner shop *P. 25*
tapezieren to wallpaper *P. 29*
das **Taschenbuch, "-er** pocket-book *P. 38*
der **Taschenrechner, -** pocket calculator *P. 114*
die **Tätigkeit, -en** activity *P. 56*
die **Technik, -en** technology *P. 48*
zum Teil partly *P. 46*
das **Tempolimit, -s** speed limit *P. 121*
der **Teppichboden, "-** fitted carpet *P. 29*
die **Tiefkühlkost** frozen foods *P. 90*

das **Tonband, "-er** tape (recorder) *P. 89*
traurig sad *P. 3*
der **Treffpunkt, -e** meeting-place *P. 14*
turnen to do gymnastics *P. 39*

U
überfahren to knock down *P. 106*
überflüssig superfluous *P. 64*
übernehmen to have responsibility for *P. 61*
überraschend surprising *P. 96*
die **Überschrift, -en** heading *P. 103*
übertreiben to overdo, exaggerate *P. 90*
die **Überweisung, -en** transfer (money) *P. 92*
der **Umfang, "-e** extent *P. 61*
umkehren to turn round *P. 26*
umschulen to re-train *P. 64*
die **Umleitung, -en** diversion *P. 49*
umweltfreundlich non-toxic *P. 121*
die **Umweltpolitik, -en** environmental policy *P. 115*
der **Unsinn** nonsense *P. 6*
sich unterhalten* (i) to talk, converse, enjoy oneself *P. 8*; (ii) to discuss *P. 82*
die **Unterhaltung, -en** entertainment *P. 40*
der **Unternehmer, -** employer *P. 65*
unterscheiden* to differentiate, make different *P. 95*
sich unterscheiden* to be different *P. 41*
unterschiedlich differing *P. 115*
unterschreiben* to sign *P. 34*
die **Unterschrift, -en** signature *P. 33*
unveränderbar invariable *P. 48*
zur Urlaubszeit at holiday times *P. 49*

V
sich verabreden to arrange a date *P. 14*
verändern to alter *P. 46*
verantwortlich responsible *P. 121*
der **Verbraucher** consumer *P. 89*
verdienen to earn *P. 6*
verfehlen to miss *P. 27*
vergehen* to be spent on, to disappear on *P. 40*
die **Vergiftung, -en** contamination *P. 117*
vergleichen* to compare *P. 40*
das **Vergnügen, -** pleasure *P. 40*
das **Verhalten, -** behaviour *P. 106*
sich verhalten* to behave *P. 64*
die **Verhaltensweise, -n** pattern of behaviour *P. 88*
verheiratet married *P. 6*
der **Verkehrshinweis, -e** traffic report *P. 49*
die **Verkehrsbehinderung, -en** traffic delay *P. 49*
die **Verkürzung, -en** shortening *P. 117*
verlangen to demand *P. 97*
der **Verletzte, -n** wounded person *P. 122*
sich verlieben in (+ Acc.) to fall in love with *P. 14*
sich verloben mit (+ Dat.) to get engaged to *P. 14*
der **Verlust, -e** loss *P. 92*
das **Vermögen, -** wealth *P. 96*
vermuten to suppose *P. 90*
vermutlich presumably *P. 90*
das **Versandhaus, "-er** mail-order firm *P. 87*

verschieden different *P. 103*
verstärken to strengthen *P. 48*
verteilen to distribute *P. 114*
das **Vertrauen, -** trust *P. 92*
der **Vertreter, -** representative *P. 92*
der **Verwandte, -n** relation, relative *P. 8*
verwitwet widowed *P. 6*
das **Vieh** cattle *P. 20*
die **Volkshochschule, -n** adult education centre, evening institute *P. 80*
die **Voraussetzung, -en** stipulation, prerequisite *P. 31*
vorläufig preliminary *P. 61*
der **Vorort, -e** suburb *P. 21*
der **Vorschlag, "-e** suggestion *P. 71*
die **Vorschrift, -en** instructions, regulations *P. 30*
sich vorstellen to imagine *P. 90*
die **Vorstellung, -en** idea *P. 46*

W
der **Wahnsinn** madness *P. 122*
das **Waldsterben** dying forests *P. 115*
die **Wasserleitung, -en** water pipes *P. 22*
weiterarbeiten to carry on working *P. 3*
das **Werbeplakat, -e** advertising poster *P. 66*
der **Werbeslogan, -s** advertising slogan *P. 66*
die **Werbung** (i) advertising *P. 87*; (ii) advertisement *P. 91*
das **Werkzeug, -e** tool *P. 10*
wiedergeben* to reproduce *P. 120*
winken to wave *P. 38*
die **Wirtschaft, -en** pub *P. 39*
wirtschaftlich economic *P. 103*
die **Wirtschaftspolitik** economic policy *P. 115*
das **Wirtschaftswunder** economic miracle *P. 100*
die **Wohnlage, -n** situation *P. 22*
der **Wohnraum, "-e** accommodation, living space *P. 23*
der **Wohnwunsch, "-e** accommodation requirement *P. 24*
der **Wortschatz** vocabulary *P. 62*
würfeln to throw dice *P. 27*

Z
zählbar countable *P. 48*
das **Zeichen, -** sign *P. 92*
die **Zeile, -n** line *P. 61*
die **Zeitschrift, -en** magazine *P. 89*
die **Zerstörung, -en** destruction *P. 117*
der **Zettel, -** piece of paper *P. 10*
der **Zins, -en** interest *P. 92*
zufrieden content, satisfied *P. 41*
die **Zufriedenheit** contentment, satisfaction *P. 90*
zuordnen to allocate *P. 30*
die **Zuordnung, -en** allocation *P. 53*
zurücklegen to put aside *P. 87*
zusammen together *P. 3*
die **Zusammenfassung, -en** summary *P. 120*
zusammengesetzt compound *P. 26*
zusammenpassen to fit together *P. 28*
der **Zusatzpunkt, -e** extra point *P. 27*
zuschauen to watch *P. 40*
der **Zustand, "-e** situation, state (of affairs) *P. 29*
zweifeln to doubt *P. 91*